Sammlung Außerdeutscher Strafgesetzbücher
in deutscher Übersetzung

Neu herausgegeben von Professor Dr. Adolf Schönke †, fortgesetzt von Professor Dr. Hans-Heinrich Jescheck und Landgerichtsrat Dozent Dr. Gerhard Kielwein, Institut für ausländisches und internationales Strafrecht, Universität Freiburg i. Br.

LXX.

Die polnische Strafgesetzgebung
seit 1944

Berlin 1955

Walter de Gruyter & Co.

vormals G. J. Göschen'sche Verlagshandlung · J. Guttentag, Verlagsbuchhandlung · Georg Reimer · Karl J. Trübner · Veit & Comp.

Die
polnische Strafgesetzgebung
seit 1944

Von

Dr. Georg Geilke

Rechtsanwalt in Hamburg

Gedruckt mit Unterstützung der Gesellschaft für Rechtsvergleichung

Berlin 1955

Walter de Gruyter & Co.

vormals G. J. Göschen'sche Verlagshandlung · J. Guttentag, Verlagsbuchhandlung · Georg Reimer · Karl J. Trübner · Veit & Comp.

Archiv-Nr. 24 63 55/69
Satz: Walter de Gruyter & Co. · Berlin W 35
Druck: Thormann & Goetsch · Berlin SW 61

VORWORT

Die in der nächsten Zeit zu erwartende Kodifikation des polnischen Strafrechts könnte begründete Zweifel daran aufkommen lassen, ob sich die vorliegende Veröffentlichung von Gesetzgebungsakten, die demnächst vielleicht überholt sein werden, verantworten läßt. Sie ist doppelt gerechtfertigt.

Einmal läßt es sich noch gar nicht übersehen, wann mit dem Erlaß des neuen Strafgesetzbuchs zu rechnen ist. Die Vorarbeiten wurden bereits 1950 aufgenommen und sind anscheinend weitgehend abgeschlossen. Indessen scheint man in Polen eine abwartende Haltung eingenommen zu haben, nachdem auch die Vorarbeiten zu einem neuen Strafgesetzbuch in der UdSSR Fortschritte gemacht haben. Es ist möglich, daß man in Polen zunächst die Verkündigung des Strafgesetzbuchs der Sowjetunion abwarten will, um sich weitgehend an dieses anlehnen zu können.

Aber auch ein anderer Grund spricht für die Veröffentlichung. Die Rechtsentwicklung in Polen nach 1944 ist der wissenschaftlichen Welt — jedenfalls im Westen — infolge von mancherlei Schwierigkeiten unbekannt geblieben. Sie ist aber nicht nur ein rechts-, sondern auch ein bleibendes kulturgeschichtliches Phänomen, das zudem als Modell geeignet ist, die Sowjetisierung des Strafrechts in allen „Volksdemokratien" zu deuten.

Das Bändchen umfaßt alle wesentlichen Texte der Nachkriegszeit in der Übersetzung des Unterzeichneten. Soweit ergänzend die Texte des Strafkodex und der Übertretungsverordnung von 1932 benötigt werden, wird auf die vorhandenen älteren Übersetzungen von Makarewicz (amtl. Übers.) und von Chodzidlo verwiesen. Sie sind in den größeren wissenschaftlichen Bibliotheken leicht zu erhalten. Im übrigen hofft der Verfasser, mit der Einleitung, den Fußnoten, dem Literaturverzeichnis und der Gesetzesübersicht für die notwendige Unterrichtung des Lesers gesorgt zu haben.

Hamburg, Anfang 1955 — Dr. Georg Geilke

INHALTSVERZEICHNIS

DIE ENTWICKLUNG DES STRAFRECHTS IN POLEN

Das in Polen geltende Strafrecht war weit mehr als in anderen Ländern dem Wandel der politischen Entwicklung unterworfen.

Bis 1795

In dem großräumigen Staate der polnisch-litauischen Union war es zu keiner Strafrechtskodifikation gekommen. Strafrechtliche Bestimmungen der Zeit vor 1795 findet man daher verstreut sowohl in den Statuten Casimirs des Großen, in den Masovischen Statuten von 1377, 1387, 1390, 1453 usw. als auch in zahlreichen „Sejmstatuten" und „Constitutionen", d. h. vom Sejm erlassenen Reichsgesetzen. Unter den übrigen Rechtssammlungen aus der älteren Zeit wird mit Vorliebe auf ein Ende des 15. Jahrh. herausgegebenes Werk zurückgegriffen: SUMARII CASUS PATENS KASIMIRI ET WLADISLAVI REGUM STATUTORUM ET CONSTITUTIONUM AD ORDINEM PERTINENTIUM. Ferner ist auch an die von einer unter Taszyckis Vorsitz arbeitenden Kommission herausgegebene Sammlung zu denken, die im Jahre 1532 unter dem Titel „CORRECTURA STATUTORUM ET CONSUETUDINUM REGNI POLONIAE" herausgegeben wurde und unter der Bezeichnung „Taszycki-Korrektur" oder „CORRECTURA IURIUM" bekannt geworden ist.

Innerhalb des mit den polnischen Kronlanden zunächst durch Personal- und später durch Realunion verbundenen Großherzogtums Litauen galten eigene Gesetze. Als älteste Quelle des Strafrechts wird das Rechtsbuch Casimirs des Jagellonen von 1468 (SUDIEBNIK) genannt. Ferner genossen die drei sog. „Litauischen Statute" von 1529, 1566 und 1588 selbst in der „Krone" großes Ansehen.

Auf dem gesamten Staatsgebiet fand alternativ oder auch subsidiär das Magdeburgische Recht in den Städten und Dörfern, das Armenische Recht u.a.m. Anwendung. Der Sachsenspiegel und die CONSTITUTIO CRIMINALIS CAROLINA (1532) galten neben dem römischen und kanonischen Recht subsidiär, die CCC insbesondere, seitdem sie im Jahre 1559 von Bertel Groicki ins Polnische übertragen und bearbeitet worden war.

Kurz vor der Teilung des polnischen Staates im 18. Jahrh. gab es drei amtlich anerkannte Rechtsquellen:

1. das in der Sammlung „VOLUMINA LEGUM" von Piaristenmönchen zusammengetragene Recht;
2. die Litauischen Statuten — in Litauen als geltendes Recht, in der „Krone" subsidiär in Gebrauch;

3. das Gewohnheitsrecht, auf das sich Gerichtsentscheidungen bezogen und das als deren Bestandteil von der Literatur überliefert wurde.

An Kodifikationsversuchen hat es nicht gefehlt. Im Jahre 1764 wurde erstmalig im Sejm eine Kodifizierung des sog. Justizrechts — zu dem auch das Strafrecht gehörte — erörtert (vgl. VOLUMINA LEGUM Bd. VII S. 57). Der sog. „Teilungssejm" von 1773/75 empfahl sodann dem Permanenten Rat eine Sammlung der öffentlichen Zivil- und Kriminalgesetze zu schaffen (VOL. LEG. Bd. VIII S. 98). Dieser Aufgabe unterzog sich im Jahre 1776 der Reichskanzler Andreas Zamoyski mit entmutigendem Mißerfolg. Der Sejm lehnte den ihm 1780 vorgelegten Entwurf wegen seiner angeblichen „liberalistischen Tendenzen" grundsätzlich ab und verbot ein für allemal eine erneute Vorlage des Projektes.

Der „vierjährige" Sejm beschäftigte sich erneut mit dem Kodifikationsproblem. Am 3. Januar 1791 wurde ihm ein Entwurf des Starosten Dulski und wenig später ein weiterer Entwurf des Abgeordneten Seweryn Potocki vorgelegt. Beide Entwürfe scheiterten am Provinzialpartikularismus der Abgeordneten. Auch nachdem das Regierungsgesetz vom 3. Mai 1791 die Diskussion erneut auf das brennende Problem gelenkt hatte, blieb es in den alten Gegensätzen stecken: die Litauer verlangten die Aufrechterhaltung ihrer Statuten — die Großpolen pochten auf das Vorrecht der LAUDA SREDENSIA und so fort.

Schließlich kam es doch noch zu einem Kompromiß: danach sollten zwei Kommissionen die Kodifizierung getrennt für die „Krone" und das „Großherzogtum" bearbeiten. In den Kronlanden sollte dabei vom Laski-Statut und von den Litauischen Statuten, in Litauen nur von den letzten ausgegangen werden. Die Ausschüsse wurden am 29. Juni 1791 eingesetzt. Ihre Arbeit wurde durch die letzte Teilung Polens vom 3. Januar 1795 jäh und endgültig beendet.

1795—1918

Während der kurzen Periode des Fürstentums Warschau (1807 bis 1812) wurde zwar der Versuch unternommen, ähnlich dem Zivil- und Handelsrecht auch das französische Strafrecht auf polnischen Boden zu verpflanzen. Dieser Versuch mißlang jedoch.

In dem durch den Wiener Kongreß geschaffenen Königreich Polen (kurz: Kongreßpolen) galt zunächst das alte polnische und subsidiär auch das Strafrecht des preußischen ALR. Im Jahre 1818 wurde sodann ohne nennenswerte Vorarbeiten und Diskussionen der von A. Wyczechowski für das Königreich Polen entworfene Kriminalkodex vom Sejm verabschiedet. Vorbild dieses Kodex war das preußische ALR, das österreichische StGB von 1803 und anscheinend auch das französische Strafrecht. Der polnische Kriminalkodex 1818 galt rund 20 Jahre lang. Er wurde 1847 durch den Kodex der Haupt- und Besserungsstrafen abgelöst. Äußere Ursache dieser vom Zaren Nikolaus I. angeordneten Ablösung war zweifelsohne der unglückliche

Ausgang des polnisch-russischen Krieges und der Aufstände, die zu einer Versteifung der zwischen beiden Staaten bestehenden Spannungen führte. Rußland trachtete nunmehr danach, die Sonderrechte des formell nur durch eine Personalunion mit ihm verbundenen Königreiches Polen zu beseitigen. Diesem Drucke mußte auch der Kriminalkodex von 1818 weichen.

Der Kodex 1847 war ein nahezu getreues Spiegelbild des im Jahre 1845 unter dem gleichen Namen erlassenen russischen Strafgesetzes, wobei allerdings die polnische Fassung nur 1221 gegenüber 2241 Artikeln der russischen Fassung enthielt. Somit wurde zunächst noch eine äußere Selbständigkeit der für Kongreßpolen ergangenen Fassung gewahrt. Im Jahre 1876 wurde auch diese letzte scheinbare Unterscheidung beseitigt. Zunächst wurde die russische Fassung und im Jahre 1903 ein neues gesamtrussisches Strafgesetzbuch auch in Polen in Kraft gesetzt.

1919—1939

Nach Beendigung des ersten Weltkrieges stand der wiedererstandene, unabhängige polnische Staat vor der Tatsache, daß in seinem Gebiete vier Strafrechtsordnungen nebeneinander galten:

a) in Kongreßpolen und den Ostgebieten — das russische Strafgesetzbuch von 1903;

d) in Westpolen und Oberschlesien — das deutsche StGB von 1871;

c) in Südpolen — das Allgemeine Strafgesetzbuch Österreichs von 1871;

d) in zwei kleinen Gemeinden am Nordrand der Hohen Tatra (Zips und Arwa = Sicz i Orawa) — das ungarische Recht.

Eine Beseitigung dieser unhaltbaren Zustände war dringend erforderlich. So wurde nach dem Vorbild von 1792 am 3. Juni 1919 (DzURP 1919, Nr. 44, Pos. 315) eine Kodifikationskommission ins Leben gerufen, deren Unterausschuß für materielles Strafrecht unter dem Vorsitz des Lemberger Strafrechtlers Prof. Makarewicz stand. Die Schwierigkeiten, die zu überwinden waren, sind nicht zu unterschätzen. Es fehlte eine eigene polnische Strafrechtslehre; am Kommissionstisch saßen Gelehrte verschiedener (ausländischer) Schulen, die nur durch die gleiche Sprache und Abstammung miteinander verbunden waren, sich indessen wissenschaftlich nur schlecht verständigen konnten. Das Ergebnis war daher ein Strafgesetzentwurf, der sich kaum als ein polnisches Strafgesetz legitimieren kann, wenn man davon absieht, daß er in polnischer Sprache niedergeschrieben war. Das gleiche Werk hätte im Jahre 1932 in jedem anderen europäischen Lande erscheinen können und war weder durch seinen Inhalt noch durch die ihm zugrundeliegenden Gedankengänge an Polen gebunden[1]).

[1]) Vgl. Gleispach a. a. O. S. 332.

Der offizielle Entwurf[2]) des neuen Strafkodex wurde im Herbst 1931 dem polnischen Justizministerium vorgelegt. Er wurde durch Minister Michalowski und eine Ministerialkommission unter Vorsitz des Staatssekretärs Sieczkowski ohne nennenswerter Abänderungen überarbeitet.

In der letzten Phase der Vorbereitungsarbeiten wurden Abänderungsvorschläge anderer Ministerien berücksichtigt und solche insb. in den Besonderen Teil des Strafkodexes eingearbeitet. Hierbei handelte es sich vor allem um Wünsche nach einer Verschärfung der Strafsanktionen bei Staatsverbrechen und nach einer Abänderung der Bestimmung, die die Straflosigkeit der Abtreibung zur Folge gehabt hätte. Im Allgemeinen Teil wurden ferner die Bestimmungen über die gesetzlichen Folgen der Verurteilung — gegen eine heftige Kritik — eingefügt[3]). Diese Änderungen waren im Laufe weiterer acht Monate abgeschlossen. Nunmehr wurde der Entwurf außerordentlich kurzfristig durch eine Gesetzesverordnung des Staatspräsidenten vom 11. Juli 1932 zum geltenden Strafrecht erhoben. Die Verordnung wurde am 15. Juli 1932 veröffentlicht (DzURP 1932, Nr. 60, Pos. 571) und trat am 1. September 1932 in Kraft.

Gleichzeitig mit dem Strafgesetzbuch 1932 wurde eine Verordnung vom 11. Juli 1932 betr. die Übertretungen veröffentlicht (DzURP 1932, Nr. 60, Pos. 572) und in Kraft gesetzt.

Durch den Erlaß zweier Gesetzbücher hat der Gesetzgeber von vornherein die Einheit des Strafrechtes verhindert, und wir werden sehen, daß der Strafkodex 1932 auch aus anderen Gründen nicht den Anspruch darauf erheben konnte, eine endgültige und ideale Lösung der Kodifizierung des Strafrechts in Polen zu sein. Der Strafkodex 1932 hat lediglich die Verbrechen und Vergehen zum Inhalte, während die Verfolgung der Übertretungen auf Grund der Übertretungsverordnung erfolgt.

Der Strafkodex[4]) und die Übertretungsverordnung[4]) gliedern sich jeweils in einen Allgemeinen und einen Besonderen Teil. In der Übertretungsverordnung fehlt allerdings die eingehende Untergliederung des Allgemeinen Teils, welcher im StK in 16 Unterabschnitte zerfällt:

I. Der Geltungsbereich = Art. 1—11;
II. Die Grundsätze der strafrechtlichen Verantwortlichkeit = Art. 12—22;
III. Der Versuch = Art. 12—22;
IV. Die Anstiftung und die Beihilfe = Art. 26—30;
V. Die Konkurrenzen = Art. 31—36;

[2]) Über andere Privatprojekte vgl. Gleispach a. a. O. S. 332 Fußn. 1 mit Literaturangaben.

[3]) Vgl. Jamontt a. a. O. S. 13 u. 14.

[4]) Die Höhe der Zwangsgelder, Geldstrafen, Ordnungsstrafen und Auflagen ist nach den Sätzen des Dekr. v. 26. 4. 1948 (DzU Nr. 24, Pos. 160) und des Währungsumstellungsgesetzes v. 28. 10. 1950 (DzU Nr. 50, Pos. 459) zu bemessen.

VI. Die Hauptstrafen = Art. 37—43;
VII. Die Nebenstrafen = Art. 44—53[5]);
VIII. Die Strafzumessung = Art. 54—60;
IX. Die bedingte Strafaussetzung = Art. 61—64;
X. Die bedingte Strafentlassung = Art. 65—68[6]);
XI. Die Behandlung von Minderjährigen = Art. 69—78;
XII. Die Sicherungsmittel = Art. 79—85;
XIII. Die Verjährung = Art. 86—89[7]);
XIV. Die Straftilgung = Art. 90;
XV. Die Legaldefinitionen = Art. 91;
XVI. Das Verhältnis gegenüber Spezialgesetzen = Art. 92.

Der Allgemeine Teil der Übertretungsverordnung[4]) korrespondiert mit zahlreichen Bestimmungen des Strafkodexes. Das hätte man vermeiden können, wenn man ein einheitliches Gesetzbuch geschaffen hätte. In der Übertretungsverordnung findet man die Legaldefinition für die Übertretungen (Art. 1), die Bestimmungen über die allgemeine (Art. 3—5) und die strafrechtliche Verantwortlichkeit der Minderjährigen (Art. 6), die Strafzumessung (Art. 7—10), die Verjährung (Art. 11—14) und die Konkurrenzen (Art. 15—16)[8]).

Der Besondere Teil des Strafkodexes[9]) gliedert sich in 26 Abschnitte:

XVII. Staatsverbrechen = Art. 93—98[10]);
XVIII. Straftaten gegen die auswärtigen Staatsinteressen und die internationalen Beziehungen = Art. 99 bis 113[11]);

---

[5]) Art. 45 nunmehr i. d. F. d. Ges. v. 4. 2. 1950 über die Allgemeine Wehrpflicht (DzU Nr. 6, Pos. 46).

[6]) Abschnitt X ist außer Kraft gesetzt durch Ges. v. 31. 10. 1951 über die bedingte vorzeitige Entlassung von Personen, die eine Freiheitsstrafe verbüßen (DzU Nr. 58, Pos. 399).

[7]) Die in Art. 86 Buchst. a) und b) StK vorgesehenen Fristen betragen 25 Jahre in allen Sachen, die auf Grund des Dekr. v. 22. 1. 1946 über die Verantwortlichkeit für die Septemberniederlage und die Faschisierung des Staatslebens (DzU Nr. 5, Pos. 46) verhandelt werden.

Die in Art. 87 Buchst. a) und b) StK vorgesehenen Fristen betragen 30 Jahre unter der gleichen Voraussetzung.

[8]) Die Bestimmungen der Artikel 8 § 1 und § 3, 10, 11, 12, 13, 14 und 15 finden keine Anwendung auf Strafsachen, die gem. Ges. v. 15. 12. 1951 über das verwaltungsstrafrechtliche Verfahren verhandelt werden (DzU Nr. 66, Pos. 454).

Die Bestimmungen des Art. 10 finden keine Anwendung auf die Übertretungen gem. dem Ges. v. 14. 4. 1937 über Wald- und Feldfrevel (DzU Nr. 30, Pos. 224).

[9]) Bei der Anwendung der Bestimmungen des Besonderen Teils müssen die sich aus dem Dekr. v. 13. 6. 1946 über die im Stadium des Wiederaufbaus des Staates besonders gefährlichen Delikte (DzU Nr. 30, Pos. 192) ergebenden Vorschriften Berücksichtigung finden.

[10]) Die in diesem Abschnitt geschützten Staatsorgane: Staatspräsident, Senat und Nationalversammlung sind der Verfassung der Volksrepublik Polen v. 22. 6. 1952 unbekannt.

[11]) Art. 113 ist überholt durch das Ges. v. 20. 12. 1950 über den Schutz des Friedens (DzU Nr. 58, Pos. 521).

XIX. Straftaten gegen Körperschaften des öffentlichen Rechtes = Art. 114—117[12]);
XX. Straftaten gegen die Abstimmung in öffentlichen Angelegenheiten = Art. 118—124;
XXI. Straftaten gegen Behörden und Ämter = Art. 125 bis 139[13]);
XXII. Falschaussagen = Art. 140—142[14]);
XXIII. Straftaten gegen die Rechtspflege = Art. 143—149;
XXIV. Gefangenenbefreiung = Art. 150—151;
XXV. Straftaten gegen die öffentliche Ordnung = Art. 152 bis 171[15]);
XXVI. Straftaten gegen das religiöse Empfinden = Art. 172 bis 174[16]);
XXVII. Die Fälschung von Geld, Wertpapieren, Amtszeichen und Meßgeräten = Art. 175—186;
XXVIII. Urkundendelikte = Art. 187—194;
XXIX. Personenstands- und Identitätsausweisdelikte = Art. 195—196;
XXX. Ehedelikte = Art. 197—198;
XXXI. Straftaten gegen die Vormundschaft und Pflegschaft = Art. 199—202;
XXXII. Unzucht = Art. 203—214;
XXXIII. Gemeingefährliche Delikte = Art. 215—224;
XXXIV. Straftaten gegen gemeinnützige Einrichtungen = Art. 223—224;
XXXV. Straftaten gegen das Leben und die Gesundheit Art. 225—247;
XXXVI. Straftaten gegen die persönliche Freiheit = Art. 248 bis 252;
XXXVII. Geheimnisbruch = Art. 253—254;
XXXVIII. Ehrverletzungen = Art. 255—256;

---

[12]) Die Schutzwürdigkeit des Senats, der Nationalversammlung, eines autonomen Sejms u. ihrer Mitglieder besteht nicht mehr, da diese Organe in der gegenwärtigen Verfassung nicht vorhanden sind.

[13]) Der in diesem Abschnitt aufgeführte Schutz des Staatspräsidenten und der Selbstverwaltungskörperschaften ist überholt. Die letzteren sind durch Ges. v. 20. 3. 1950 über die örtlichen Organe der einheitlichen Staatsgewalt beseitigt (DzU Nr. 14, Pos. 130).

[14]) An Stelle des Eides und der eidesstattlichen Erklärung ist jetzt das Versprechen und die Versicherung geschützt gem. Art. 16 u. 17 des Ges. v. 27. 4. 1949 über die Änderung des StPK (DzU Nr. 32, Pos. 238) und Art. 2 u. 3 des Ges. v. 27. 4. 1949 über die Änderung des ZPK (DzU Nr. 32, Pos. 240). Diese Gesetze sind am 1. 7. 1949 in Kraft getreten.

[15]) Zu Art. 171: Durch Dekr. v. 21. 9. 1950 über die Staatliche Handelsinspektion (DzU Nr. 44, Pos. 396) ist die VO v. 28. 12. 1924 über die Organisation der Börsen aufgehoben (DzU 1930, Nr. 23, Pos. 209).

[16]) Dieser Abschnitt ist insoweit überholt, als seine Bestimmungen durch das Dekr. v. 5. 8. 1949 über den Schutz der Freiheit des Gewissens und des Bekenntnisses neu geregelt wurden (DzU Nr. 45, Pos. 334).

XXXIX. Vermögensdelikte = Art. 257—272;
XL. Straftaten zur Gläubigerbenachteiligung = Art. 273 bis 285[17]);
XLI. Beamtendelikte = Art. 286—293[18]);
XLII. Schlußbestimmungen = Art. 294—295.

Die Straftatbestände der Übertretungsverordnung sind in 6 Abschnitte aufgegliedert:

II. Übertretungen gegen die öffentliche Ordnung = Art. 17—32[19]);
III. Übertretungen gegen die Sicherheit = Art. 33—34[20])
IV. Übertretungen gegen die öffentliche Gesundheit = Art. 35—51;
V. Übertretungen gegen Einzelpersonen = Art. 52—53;
VI. Übertretungen gegen das Vermögen = Art. 54—63[21]);
VII. Schlußbestimmungen = Art. 64—65[21]).

Gleichzeitig mit dem Strafkodex und der Übertretungsverordnung 1932 trat eine Einführungsverordnung vom 11. Juli 1932 (DzURP Nr. 60, Pos. 573; Nr. 82, Pos. 724) zu diesen in Kraft. Diese Verordnung hatte den Zweck, die Feststellung zu treffen, in welchem Umfange das bisherige Strafrecht infolge der neuen Regelung außer Kraft getreten ist bzw. inwieweit es aufrechterhalten wurde. Die Verordnung setzte sich dergestalt nicht nur mit dem übernommenen Strafrecht der Teilungsmächte auseinander, sondern mußte auch bereits auf die neuen polnischen Strafrechtsnovellen zurückgreifen, welche in der Zeit seit Kriegsende bis zur Kodifizierung ergangen waren. Eine ganze Reihe dieser Novellen und auch ein beträchtlicher

---

[17]) Vgl. Anm. zu Abschnitt XXII.

[18]) Art. 289 wurde aufgehoben durch Art. 16 des Dekr. v. 26. 10. 1949 über den Schutz des Staats- und Dienstgeheimnisses (DzU Nr. 55, Pos. 437) mit Wirkung zum 12. 11. 1949.

[19]) In Art. 19 und 22 sind die Ausdrücke „kommunale" zu streichen. Alle Sparten der Selbstverwaltung sind im Jahre 1950 aufgehoben worden.

Die Art. 24 und 25 wurden aufgehoben gem. Einführungsbestimmungen zum Recht der Zivilstandsakte (DzU 1945, Nr. 48, Pos. 273).

Art. 31 ist durch das Abänderungsdekr. v. 9. 4. 1946 (DzU Nr. 15, Pos. 108) neu gefaßt und lautet jetzt:

> **Art. 31** Wer öffentlich unsittlichen Unfug treibt oder unanständige Worte gebraucht,
> – wird mit Haft bis zu zwei Wochen oder mit Geldstrafe bis zu 150 Zloty bestraft.

[20]) In Art. 56 ist an Stelle der Worte „Polizei- oder Gemeindebehörde" zu setzen „Milizbehörde oder das Präsidium des Bauernschafts-(Siedlungs-)Nationalrates".

Die Rechtsprechung in Sachen des Art. 59 ist den zuständigen Bezirks-Arbeitsinspektoriaten übertragen worden (DzU 1934, Nr. 95, Pos. 854; 1950, Nr. 49, Pos. 446).

[21]) Zu Art. 64: die Zuständigkeit des Innenministeriums ist mehreren anderen Ministerien übertragen worden, z. B. dem Ministerium für Kommunalwirtschaft, für Gesundheit usw.

Teil des Besatzungsrechtes blieb danach erhalten. So vermittelt erst die Lektüre der Einführungsverordnung einen Eindruck davon, wie wenig umfassend die Kodifizierung von 1932 war. Auch nach Erlaß der neuen Gesetze konnte nicht in vollem Umfange auf die bisherigen Rechtsbestimmungen verzichtet werden. Abgesehen von einer Sonderregelung für Oberschlesien (Art. 6 II EinfVO) blieben die Artikel 292 bis 309, 318—324, 348—353, 624—627 und 630—634 des russischen StGB von 1903, die §§ 486b und 486c des Allg. Strafgesetzbuches von 1852 und die §§ 296a und 298 des deutschen StGB 1871 in Kraft, wobei allerdings die provinzielle Bezogenheit dieser Bestimmungen zu berücksichtigen ist.

Die Einführungsverordnung hob zahlreiche Nebengesetze auf — bei einigen wurden allerdings nur bestimmte Teile aufgehoben, andere abgeändert (vgl. Art. 5 EinfVO).

Wenn man schon auf dem Gebiete des allgemeinen Strafrechts von keiner Vereinheitlichung sprechen kann, so blieb das Militärstrafrecht, ferner das Devisen-, Finanz- und Verwaltungsstrafrecht völlig außerhalb der Kodifizierung.

Eine Folge der unzulänglichen Kodifizierung war, daß auch unmittelbar nach Erlaß des StK 1932 weitere Novellen erforderlich wurden, die teilweise jedenfalls bereits tatbestandsmäßig im Kodex hätten verarbeitet werden können. Die wichtigsten hiervon sind:

1. VO v. 17. 6. 1934 gegen Personen, die die öffentliche Sicherheit, den öffentlichen Frieden und die öffentliche Ordnung bedrohen (DzU Nr. 50, Pos. 473);
2. VO v. 24. 10. 1934 über gewisse Delikte gegen die Sicherheit des Staates (DzU Nr. 94, Pos. 851);
3. Amnestiegesetz v. 2. 1. 1936 (DzU 1936, Nr. 1. Pos. 1);
4. VO v. 26. 4. 1936 über den Geldverkehr mit dem Ausland und den in- und ausländischen Zahlungsmittelverkehr (DzU Nr. 32, Pos. 249);
5. Dekr. v. 3. 11. 1936 über das Finanzstrafrecht (DzU Nr. 84, Pos. 581) mit Ausführungsverordnung v. 1. 7. 1937 (DzU Nr. 51, Pos. 398);
6. Ges. v. 8. 1. 1938 über den Schutz des Zeichens und des Namens des „Roten Kreuzes“ und des Wappens der Schweiz (DzU Nr. 3, Pos. 12);
7. Ges. v. 7. 4. 1938 betr. den Schutz des Namens Josef Pilsudski (DzU Nr. 25, Pos. 219);
8. Dekr. v. 18. 11. 1938 betr. die Einstellung des Strafverfahrens wegen einiger Delikte (DzU Nr. 88, Pos. 598);
9. Dekr. v. 21. 11. 1938 über das Presserecht (DzU Nr. 89, Pos. 608);

10. Dekr. v. 22. 11. 1938 v. 22. 11. 1938 über den Schutz von Staatsinteressen (DzU Nr. 91, Pos. 623);
11. Ges. v. 30. 3. 1939 über die allgemeine Sachleistungspflicht (DzU Nr. 30, Pos. 200).

1944—1948

Nach Beendigung des Zweiten Weltkrieges wurden im Gegensatz zu der im Jahre 1918 getroffenen Regelung die gesetzgeberischen Maßnahmen der deutschen Besatzungsbehörden nicht anerkannt, sondern für völkerrechtswidrig und nichtig erklärt. Soweit während der Kriegsdauer **deutsche** Gerichte innerhalb des polnischen Staatsgebietes („eingegliederte Ostgebiete“, „Generalgouvernement“ und „Bezirk Bialystok“) Recht gesprochen hatten, wurden die gefällten Entscheidungen gem. Art. 1 des Dekretes vom 6. Juni 1945 (DzU Nr. 25, Pos. 151) für ungültig und ohne Rechtsfolgen erklärt. Soweit allerdings Entscheidungen von **polnischen** Gerichten innerhalb des „Generalgouvernements“ gefällt worden waren, wurden diese in Kraft belassen, allerdings nur insoweit, als sie nicht auf Gesetzgebungsakten der deutschen Verwaltung beruhten oder gegen die polnische Rechtsordnung verstießen (Art. 11 und 12).

Bei der Anwendung des polnischen Vorkriegsrechtes ergaben sich allerdings bald ideologisch begründete Schwierigkeiten. Die neue polnische „Volksdemokratie“ empfand sich als ein Staat sozialkommunistischer Prägung und zwar noch lange bevor dies verfassungsmäßig zum Ausdruck gebracht wurde. Dagegen war man sich darüber mit Recht einig, daß das Vorkriegsrecht ausgesprochen kommunistenfeindlich eingestellt gewesen ist (man denke an das Staatsangehörigkeitsentziehungsgesetz vom 31. 3. 1938 — DzU Nr. 22. Pos. 191). Seitens der führenden Kreise der in Polen allgewaltigen PPR (Polnische Arbeiterpartei) bzw. nach ihrer Verschmelzung mit den Sozialdemokraten (PPS) zur PZPR (Polnische Vereinigte Arbeiterparteien) wurde daher schon frühzeitig die Forderung aufgestellt, das übernommene alte Recht im marxistisch-kommunistischen Sinne auszulegen. Die erste sich abzeichnende Periode der Strafrechtserneuerung nach dem letzten Weltkrieg war daher durch zwei Bestrebungen gekennzeichnet:

1. Veränderung des geltenden Strafrechts nach Form und Auslegung.
2. Ergänzung des Strafrechts im Wege einer Novellengesetzgebung.

Diese Tendenzen wurden schon dadurch deutlich, daß man die vom StK 1932 abweichenden Gesetzgebungsakte für eine provisorische Übergangsgesetzgebung ansah. So bezeichnet sich das wichtige Dekret vom 13. Juni 1946 über die „im Stadium des Wiederaufbaus des Staates“ besonders gefährlichen Delikte und hebt die ihm entgegenstehenden Straftatbestände des StK 1932 nicht etwa auf, sondern setzt sie nur vorübergehend außer Kraft (Art. 68).

Die Epoche der An- und Ausgleichung in der polnischen Strafgesetzgebung fand ihr Ende mit der Niederschlagung des kompromißbereiten und von nationalistischen Tendenzen beseelten Gomulka-Flügels innerhalb der PZPR. Gleichzeitig (1948) lehnte der erste Kongreß der PZPR, der auch den „Fall Gomulka" verhandelte, jede Koexistenz der kapitalistischen und sowjetischen Gesellschaftsordnung und jede Synthese beider Elemente innerhalb des polnischen Staates ab (Bierut-Rede in „Podstawy ideologiczne PZPR (Ideologische Grundlagen der PZPR)", Książka i Wiedza, wyd. III, 1951, S. 43).

1948—

Seit 1948 beschreitet auch die polnische Rechtswissenschaft den Weg der „Sozialisierung des Rechts" im Sinne der endgültigen Angleichung an die sowjetischen Grundsätze und Formen.

Als erster Vorbote der neuen Epoche erschien die Reform der Strafprozeßordnung von 1949. Hier wurde erstmalig in Polen die Straftat materialistisch betrachtet und die Grundlage der Strafzumessung unter Berücksichtigung der sowjetischen Strafrechtslehre umgestaltet.

Das polnische Regierungspräsidium beschloß am 27. September 1950 die Schaffung eines Entwurfes zu einem neuen Strafkodex (und einem Zivilgesetzbuch) unter Fristsetzung bis zum 1. September 1951. Nach den Gesamtumständen und nach der Fassung des vorgenannten Beschlusses sollte ein völlig neuer und vom StK 1932 gänzlich unabhängiger Entwurf geschaffen werden, der den sozialen, politischen und wirtschaftlichen Gegebenheiten der Polnischen Volksdemokratie gerecht zu werden hatte. Der Entwurf konnte fristgemäß nur in Bruchstücken vorgelegt werden. Diese werden seit 1951 ausgefeilt und ergänzt, wobei stets in der Strafgesetzgebung der UdSSR das nachahmenswerte Vorbild erblickt wird. Neben der sowjetischen Auffassung der Lehre vom Verbrechen soll der künftige Kodex insbesondere auch eine Reihe bisher unbekannter Straftatbestände enthalten, wie den Huliganismus[22]), die Unwirtschaftlichkeit, den Bürokratismus usw. Er soll das gesamte Strafrecht, einschließlich des Militär- und Finanzstrafrechts, und der in anderen Gesetzen verstreuten Strafbestimmungen umfassen.

Eine ungefähre Vorstellung von dem Inhalt des künftigen Kodex vermittelt heute schon eine Gesetzgebungsreihe, die in den Jahren 1952/53 ergangen ist und deren Wortlaut mit nur geringen Abweichungen, die sich aus der Selbständigkeit der Novellen im einzelnen ergibt, dem StK-Entwurf entnommen sind, nämlich:

1. das Gesetz über das Devisenstrafrecht v. 28. 3. 1952 (DzU Nr. 21, Pos. 133);
2. das Dekr. v. 29. 10. 1952 über die Bewirtschaftung der Artikel des Warenumsatzes und der Versorgung (DzU Nr. 44, Pos. 301);

---

[22]) Grober Unfug aus asozialer Einstellung.

3. das Dekr. v. 4. 3. 1953 über die Normen und das Polnische Normenkomitee (DzU Nr. 15, Pos. 63);
4. das Dekr. v. 4. 3. 1953 über den erhöhten Schutz des Sozialvermögens (DzU Nr. 17, Pos. 68);
5. das Dekr. v. 4. 3. 1953 über den Schutz des Sozialvermögens vor Kleinstdiebstählen (DzU Nr. 17, Pos. 69);
6. das Dekr. v. 4. 3. 1953 über den Schutz der Konsumenteninteressen im Handelsumsatz (DzU Nr. 16, Pos. 64);
7. das Dekr. v. 4. 3. 1953 über die verstärkte Bekämpfung der qualitativ schlechten Erzeugung.

Demnach rollt in Polen seit etwa 3 Jahren eine „Raten"kodifikation ab, bei der es sich nicht überblicken läßt, wann sie zum Abschluß kommt. Dieser Zustand wird in Polen selbst heftig kritisiert, doch scheint es, daß entgegen allen Einwendungen doch zunächst die bevorstehende Strafrechtsreform in der UdSSR abgewartet werden soll und dann erst noch etwaige Ergänzungen des polnischen Entwurfes vor seiner endgültigen Veröffentlichung erfolgen sollen. Offenbar herrscht gegenüber dem Bedarf der Praxis nach einer brauchbaren Kodifikation doch das Bestreben vor, etwas Vollständiges und Abgeschlossenes zu schaffen, demnach ein Gesetz, das auf absehbare Zeit keiner Änderungen und Ergänzungen mehr bedarf.

LITERATURVERZEICHNIS

Rechtsentwicklung bis 1795

Dunin, Karol: Dawne Prawo Mazowieckie (Das alte Masovische Recht) Warszawa 1880;

Handelsmann, Marceli: Kara w najdawniejszym prawie polskim (Die Strafe im ältesten polnischen Recht) Warszawa 1908;

ders.: Historja polskiego prawa karnego (Die Geschichte des polnischen Strafrechts) Bd. I 1907; Bd. II 1909;

ders.: Prawo karne w Statutach Kazimierza Wielkiego (Das Strafrecht in den Statuten Casimir des Großen) Wwa 1909;

Hube, Romuald: Prawo polskie w wieku trzynastym (Das polnische Recht im XIII. Jahrh.) Wwa 1874;

ders.: Ustawodawstwo Kazimierza Wielkiego (Die Gesetzgebung Casimir d. Gr.) Wwa 1881;

ders.: Sądy, ich praktyka i stosunki prawne społeczeństwa w Polsce ku schyłku XIV wieku (Die Gerichte, ihre Praxis und die Rechtsverhältnisse der Gesellschaft in Polen Ende des XIV. Jahrh.) Wwa 1886;

Kutrzeba, Stanisław: Dawne prawo sądowe w zarysie, (Das alte Justizrecht — Grundriß) Lwów-Wwa-Kraków 1927;

Krzymuski, Edmund: Józef Szymachowski, przyczynek do reformy prawa i procesu karnego w Polsce w końcu XVIII wieku. (Josef Szymachowski, ein Beitrag zur Reform des Rechts und des Strafprozesses in Polen Ende des XVIII. Jahrh.), Biblioteka Warszawska 1891, Bd. IV;

Ohanowicz, Alfred i Radwański, Zbigniew: Ostatnia próba kodyfikacji prawa cywilnego Republiki Szlacheckiej. Kodeks Stanisława Augusta (Der letzte Versuch einer Kodifikation des Zivilrechts der Adelsrepublik. Der Kodex Stanislaus August.) PiP[23]) 1952, 11, 657;

Ostrowski, Teodor: Prawo cywilne narodu polskiego (Das Zivilrecht des polnischen Volkes), Bd. I Wwa 1787, II. Aufl.;

Ostrożyński, Władysław: Ostatni projekt reformy prawa i procesu karnego w Polsce. (Das letzte Projekt einer Reform des Strafrechts und -Prozesses in Polen), Rozprawa Wydz. Hist.-Fil. Akad. Um. t. XXV Kraków 1890;

Rafacz, Józef: Dawne polskie prawo karne. (Das alte polnische Strafrecht), Wwa 1932;

Taubenschlag: Das Strafrecht des polnischen Mittelalters — Zeitschr. f. Vergl. Rechtsw. Bd. 51, 282 S.;

Winawer, Maksymilian: Najdawniejsze prawo zwyczajowe polskie (Das älteste polnische Gewohnheitsrecht), Wwa 1910;

Załaszowski, Mikołaj: Ius Regni Poloniae Bd. II, Poznań 1702. Wwa 1741.

[23]) PiP = Państwo i Prawo (poln. jur. Zeitschr. f. Staat u. Recht) wird zitiert nach Jahrgang, Heft und Seite.

Rechtsentwicklung von 1918–1939

Busch, Richard: Kritische Bemerkungen zum polnischen StGB. — Z. f. d. ges. StrRWiss 1936, S. 621–641;

Chodzidlo, Josef Anton: Das polnische Strafgesetzbuch mit der Verordnung betr. die Übertretungen und den Einführungsvorschriften. — Osteuropa-Inst. Breslau 1940. Übersetzt und eingeleitet.

Dworzak: Die Grundlagen des polnischen Strafgesetzes — Bl. f. Gefängniskunde Bd. 71, S. 271;

Garraud, Pierre: Les Avant — Projets Polonais de 1922 sur la Partie Generale d'un code penal. Paris 1924;

Glaser, Stefan: Über das neue polnische Strafgesetzbuch und die deutsche Strafrechtsreform. — Z. f. Ostr. 7 Jg. 1933, S. 348–358;

Gleispach, W.: Das polnische Strafgesetzbuch, Z. f. Ostr. 7. Jg. 1933, S. 331 bis 347;

Hippel: Das neue polnische Strafgesetzbuch — DJZ 1933, Sp. 660–662;

Langrod, Rudolf: Strafrecht (Polen) Z. f. p. R. u. W.[27]) 1928 I S. 75;

Makarewicz, Juliusz: Kodeks karny z komentarzem (Strafkodex mit Kommentar), Lwów 1935, 4. Aufl., 528 S.;

Makowski, W.: Prawo karne — wykład (Das Strafrecht — Vorlesung), 1920;

Mogilnicki i Rappaport: Ustawy karne, tymczasowo obowiązujące w Królestwie Polskim (Die vorläufig im Gebiete des Polnischen Königreiches geltenden Strafgesetze), 1917;

Papierkowski, Z.: Bericht über die strafrechtliche Entwicklung Polens — Z. f. d. ges. Str. R. Wiss. 1936, S. 439–449;

ders.: Neue polnische Strafgesetze — Z. f. d. ges. Str. R. Wiss., 1936, Bd. 59, S. 225;

Peiper, L.: Komentarz do kodeksu karnego i prawa o wykroczeniach (Kommentar zum Strafkodex und zum Recht der Übertretungen), Kraków 1936, 2. Aufl. 920 S.;

Wendorff, Eduard Wilhelm, v.: Die Bekämpfung des unlauteren Wettbewerbs in Polen, Z. Ak. f. D. R. 1936, S. 1051–1063;

Wirschubski, G.: Das polnische Strafgesetzbuch vom 11. 7. 1937 und die kriminalpolitischen Forderungen der Gegenwart. Mon. Schr. f. Krim. Psych. 1933, H. 5;

(DEUTSCHE ÜBERSETZUNG:) Das Strafgesetzbuch für die Republik Polen v. 11. Juli 1932 — Verl. Hilfsarbeiterbüro der Kodifikationskommission, Wwa 1932;

Encyklopedja podręczna prawa karnego (Handwörterbuch des Strafrechts), 2 Bde. Kraków 1934;

Zbiór Orzeczeń Sądu Najwyższego, Orzecznictwo Izby Karnej (Sammlung der Entscheidungen des Obersten Gerichtes, Entscheidungen der Strafkammer — herausg. v. poln. Justizministerium);

Orzecznictwo Sądów Polski (Die Rechtsprechung der Gerichte in Polen) — herausg. v. Buchverlag Hoesick, Wwa.

Zur neuesten Entwicklung

Andrejew, Igor: Problemy części ogólnej nowego kodeksu karnego PiP 1948, 4, 3; (Probleme des Allgemeinen Teils des neuen Strafkodexes);

ders.: Szalbierstwo i inne przestępstwa cz. XXXIX KK w świetle dekretów z 4. marca 1953r. (Der Betrug und andere Delikte im Lichte der Dekr. v. 4. 3. 1953), NP 1953, 7, 15[25]);

[24]) Zeitschrift für Polnisches Recht und Wirtschaft.

[25]) Nowe Prawo, (polnische jur. Zeitschrift: Neues Recht)

ders. und Plawski, Stanisław: Ogólne wiadomości o prawie karnym (Allgem. Mitteilungen über das Strafrecht), Wwa 1952, 63 S.;

ders.: Zagadnienia części szczególnej nowego kodeksu (Probleme des Besonderen Teils des neuen Strafkodexes), NP 1951, 4;

ders.: O kodyfikacji polskiego prawa Karnego (Die Kodifizierung des polnischen Strafrechts), NP 1954, 7/8, 16—30;

ders. und Sawicki, Jerzy: Die gesellschaftliche Gefährlichkeit und die Rechtswidrigkeit — zwei Elemente des Verbrechens in Volkspolen — NJ 1951, 5, 202—205.

ders. und Sawicki, Jerzy: Istota przestępstwa w Polsce Ludowej (Das Wesen der Straftat in Polen), Wwa 1949, 104 S.;

ders., Lernell, L., Sawicki, J.: Prawo karne Polski Ludowej. Zarys wykładu części ogólnej (Das Strafrecht Volkspolens. Grundriß des Allgemeinen Teils), Wwa 1950, 354 S.;

dieselben: Das Strafrecht der Volksrepublik Polen. Grundriß des Allgemeinen Teils. Deutscher Zentralverlag Berlin VEB 1950, mit Vorwort von H. Benjamin, 264 S.;

Auscaler, Gustaw: Dekret o ochronie tajemnicy państwowej i służbowej (Das Dekr. üb. d. Schutz d. Staats- und Berufsgeheimnisses), DPP 1950, 1, 27[26]);

ders.: Dekret o ochronie interesów nabywców w obrocie handlowym a uchwała Rządu z dnia 3 stycznia 1953 (Das Dekr. üb. d. Konsumenteninteressenschutz im Handelsumsatz u. d. Regierungsbeschluß v. 3. 1. 1953), PiP 1953, 5/6, 671—389;

ders.: Stan wyższej konieczności w prawie karnym (Der Notstand im Strafrecht), Wwa 1953, 197 S.;

Bachrach, Aleksy: Niektóre zagadnienia procesu karnego w świetle konstytucji PRL. Z praktyki i teorji procesowej w latach 1945—1952 (Einige Probleme des Strafprozesses im Lichte der Verfassung der PVR. Aus der Praxis und der Prozeßtheorie der Jahre 1945—1952; Wwa 1953, 162 S.;

Bzowski, Kazimierz: Potrzeba wydatnego udziału czynnika społecznego w sprawach karnych (Das Bedürfnis nach einer starken Beteiligung des sozialen Faktors in Strafsachen), PiP 1949, 2, 59;

ders.: Przyczynek do należytej wykładni i celowego orzecznictwa w sprawach z oskarżenia o szkodliwą propagandę (Art. 22 MKK) (Beitrag zur rechten Ausleg. u. zweckm. Rechtspr. i. Sa. wg. Anklage für schädliche Propaganda (Art. 22 d. Kl. StK), PiP 1947, 10, 54;

ders.: O szkodliwej propagandzie (Von der schädlichen Propaganda), PiP 1947, 4, 41;

Chełmicki, Z., Kubec, Łakaszkiewicz: Przestępstwa przeciw dobrom osobistym i majątkowym (Straftaten gegen Personen- und Vermögensrechte), Wydawn. Prawnicze Wwa 1952 ,42 S.;

Chrempiński, Stanisław: Uwagi w sprawie nowelizacji Art. 231—234 KK (Bemerkungen zur Novellisierung der Art. 231—234 StK), DPP 1949, 4;

Chybiński, Olgierd: Art. 2 dekretu z dnia 4. 3. 1953 o ochronie interesów w obrocie handlowym a art. 264 kodeksu handlowego (Art. 2 d. Dekr. v. 4. 3. 1953 üb. d. Schutz d. Konsumenteninteressen im Handelsverkehr u. Art. 264 Handelskodex), PiP 1954, 3, 494—513;

Cyprian, T.: Zbrodnia przeciw pokojowi (Verbrechen gegen d. Frieden), PiP 1948, 3, 21;

ders.: Kwalifikowanie przestępstw gospodarczych. Artykuł dyskusyjny (Die Qualifizierung der Wirtschaftsvergehen. Diskussionsartikel), DPP 1950, 6, 37;

[26]) Demokratyczny Przegląd Prawniczy, poln. Zeitschrift.

ders.: Odpowiedzialność karna urzędników za przestępstwa gospodarcze w świetle orzecznictwa (Strafr. Verantwortl. d. Beamten i. Lichte d. Rechtspr.), PiP 1952, 11, 634;

ders.: Paserstwo w dekrecie z 4. 3. 1953 r. a art. 160 i 161 kk (Die Hehlerei im Dekr. v. 4. 3. 1953 u. d. Artikel 160 u. 161 StK), PiP 1953, 7, 42—55;

ders.: Wina w projekcie kodeksu karnego Polski Ludowej. (Die Schuld i. d. Entw. d. StK Volkspolens), NP 1952, 10, 16;

Czajkowski, Kazimierz: Ustawa o zabezpieczeniu socjalistycznej dyscypliny pracy w praktyce sądów (Das Ges. üb. d. Sicherg. d. sozialistischen Arbeitsdisziplin in d. Ger. Praxis), NP 1951, 3, 9;

ders.: Przestępstwa gospodarcze (Die Wirtschaftsdelikte), wyd. Min. Sprawiedl. Wwa (1951) 36 S.;

Gubiński, Arnold: Podmiot naruszenia dyscypliny pracy. (Das Objekt der Verletzung d. Arbeitsdisziplin), NP 1954, 3, 29;

Gutekunst, Władysław: O przestępstwie rabunku w świetle przepisów KK. i dekretu z 4. 3. 1953 (Vom Raube im Lichte d. Best. d. StK u. d. Dekr. v. 4. 3. 1953;

Grinberg, M. S.: Stan usprawiedliwionego ryzyka w procesie produkcji i jego karno-prawnego znaczenia (Der Zustand d. gerechtfertigten Risikos im Produktionsprozeß u. seine strafrechtliche Bedeutung), NP 1954, 5/6, 16—28;

Grzywno-Dąbrowski, Wiktor: Uszkodzenie ciała w projekcie KK (Die Körperverl. i. Entw. d. StK), PiP 1953, 1, 88;

Darniluk, Franciszek: Prawo karne sądowe i administracyjne (Das Gerichts- und Verwaltungsstrafrecht), Bydgoszcz 1947, Aufl. V, 533 S.;

Hochberg, Leon i Sawicki, Jerzy: Kilka uwag o przestępstwie sabotażu na tle prawa polskiego (Einige Bemerkungen zum Delikt der Sabotage auf Grund d. poln. Rechts), PiP 1949, 6/7, 79—90;

Jaczkowski, Tadeusz: Wymiar Kary (Die Strafzumessg. wyd. Min. Spraw. Bibl. pop. Prawa 1948;

ders.: Przestępstwa Gospodarcze (Wirtschaftsdelikte), DPP 1948, 12, 51—57;

Kalinowski, Stefan i Wasilkowski, Czesław: Przepisy karne ustaw dodatkowych a reforma prawa karnego. (Die Strafbestimmungen der Nebengesetze und die Strafrechtsreform) DPP 1948, 12, 39—48;

Kubec, Zbigniew i Łukaszkiewicz, Stanisław: Niedobór gospodarczy w naszym prawie karnym. Uwagi de lege lata i de lege ferenda (Das Wirtschaftsdefizit in unserem Strafrecht. Bemerkungen zum geltenden und kommenden Recht), NP 1952, 6, 7;

Kubicki, Leszek: Przestępstwa na szkodę Państwowych Ośrodków Maszynowych (Straftaten zum Nachteil der Staatlichen Maschinenzentralen), NP 1952, 12, 27;

Kalinowski, S.: Głosy w dyskusji w sprawie reformy prawa karnego (Stimmen zur Diskussion i. Sa. der Reform des Strafrechts), PiP 1948, 12, 66;

Landau, Antoni i Wasilkowski, Czesław: Sprawa tzw. Volksdeutschów w świetle prawa (Die Angelegenheit der sog. Volksdeutschen im Lichte des Rechtes), DPP 1946, 9/10;

Lernell, Leszek: Ochrona własności Państwowych gospodarstw rolnych w praktyce sądowej i prokuratorskiej (Der Schutz der staatlichen Landwirtschaften im Lichte der gerichtlichen und staatsanwaltlichen Praxis), NP 1952, 11, 39;

ders.: Z problematyki prawa karnego w okresie Planu Sześcioletniego (Aus der Problematik des Strafrechts im Zeitabschnitt d. Sechsjahresplanes), DPP 1950, 5, 17—26;

ders.: Z problematyki kodyfikacji i reformy prawa karnego (Probleme der Kodifikation und Reform d. StR), PiP 1948, 2, 26;

ders.: Z problematyki kodyfikacji prawa karnego. Rozważania metodologiczne (Probleme der Kodif. d. StR. Metodologische Erörterungen), PiP 1951,4,640 + 5/6, 841;

Markowicz, J.: O potrzebie skorygowania niektórych sformułowań w projekcie części ogólnej kodeksu karnego Polski Ludowej (Die erforderliche Korrektur einiger Formulierungen im Entw. d. Allg. T. d. StK VP), NP 1951, 7/8;

Machowski, Jacek: Ochrona tajemnicy państwowej i służbowej (Der Schutz des Staats- u. Dienstgeheimnisses), wyd. Min. Spraw. Wwa 1951, 30 S.;

Madey, Marian: O ukrywaniu i gromadzeniu towarów jako formie spekulacji (Das Verbergen u. Horten v. Waren als Form der Spekulation), NP 1953, 11, 19;

Meszorer, Albert: Uwagi dotyczące pojęcia interesu Państwa Ludowego na tle orzecznictwa Sądu Najwyższego (Bemerkungen zum Begriff des Interesses des Volksstaates im Lichte der Gesetzgebung des Ob. Gerichtes), NP 1954, 9, 34—45;

Mogilnicki, Aleksander: Przekroczenie kary w związku z przestępstwem ogólnym (Die Überschreitung der Strafe in Verb. mit einem allgemeinen Delikt), PiP 1946, 7, 23—27;

ders.: Zamiar wynikowy a usiłowanie (Die Absicht und der Versuch), PiP 1948, 1, 66;

Nyczaj, Zofja: Przestępstwa urzędnicze i zawodowe — Przyczynek do kodyfikacji prawa karnego (Beamten- und Berufsdelikte — ein Beitrag zur Kodif. d. StrR), NP 1951, 4, 21;

Nissenson, Jerzy i Siewierski, Mieczysław: Kodeks karny i prawo o wykroczeniach. Komentarz, orzecznictwo, przepisy wprowadzające i związkowe. (Der StK u. d. Recht der Übertretungen. Kommentar, Rechtsprechung, Ein- und Übergangsbestimmungen), Wyd. VII uzup. do dn. l. marca 1949, GINTER, Łódź 1949, 377 S.;

Papierkowski, Z.: Fikcja winy czy niezrozumienie sensu nowoczesnego prawa karnego? (Die Schuldfiktion oder eine falsche Auffassung v. modernen Strafr.), PiP 1948, 1, 73—83;

Pławski, Stanisław: Wina jako problem kodyfikacyjny. Z materiałów kodyfikacyjnych (D. Verschulden als Kodifikationsproblem. Aus den Unterlagen d. Kodif.), PiP 1951, 2;

ders.: Przestępstwa przeciwko mieniu indywidualnemu (Straftaten geg. d. individ. Eigentum), NP 1951, 4, 11;

ders.: Poczytalność ograniczona (Beschränkte Zurechnungsfähigkeit), PiP 1953, 12, 821—839;

Penner, Leon: Art. 270 kk oraz wykroczenia z dekretu o prawie łowieckim i ustawy o szkodnictwie leśnym i polnym w świetle dekretów z marca 1953 (Art. 270 StK und die Übertretungen gem. d. Dekr. üb. d. Jagdrecht und des Ges. über d. Wald- u. Feldfrevel im Lichte der Dekr. v. März 1953), NP 1954, 1, 49—54;

Piekarski, M.: Ochrona czci osób zrehabilitowanych. (Der Ehrschutz d. rehabilitierten Personen), PiP 1948, 11, 89;

Rogulska, Anna: Przestępstwa prezeiwko wymiarowi sprawiedliwości. (Straftaten geg. d. Rechtsprechung), NP 1951, 5, 17;

Sawicki, Jerzy: O odpowiedzialności za błędny zabieg leczniczy. (Die Verantwortlichkeit f. einen fehlerhaften ärztlichen Eingriff), PiP 1954, 6, 991;

ders.: Ochrona czci na tle krytyki i samokrytyki. (Der Ehrschutz auf Grund der Kritik und Selbstkritik), Wwa 1953, 91 S.;

ders.: Przestępstwo podżegania do wojny (Das Delikt der Kriegshetze), Wwa 1951 druk. Min. Spraw. 123 S.;

ders.: Prawo norymberskie a polskie prawo karne (Das Nürnberger Recht gegenüber dem polnischen Strafrecht), PiP 1948, 3, 54;

ders. u. Gubiński, Arnold: Der Begriff der höheren Gewalt und des Befehls im Lichte des Dekr. v. 31. 8. 1944, PiP 1949, 8, 137—143;

ders. u. Walawski, Boleslaw: Zbiór przepisów specjalnych przeciwko zbrodniarzom hitlerowskim i zdrajcom narodu z komentarzem. (Sammlung d. Sonderbest. geg. d. hitlerischen Kriegsverbrecher u. d. Volksverräter mit Kommentar), Spółdź. wyd. „Czytelnik" Kraków 1945 — 64 S.;

Schaff, Leon: Proces karny Polski Ludowej (Der Strafprozeß in Volkspolen), Wwa 1953, 395 S.;

ders.: Problematyka domniemania niewinności w postępowaniu przygotowawczym. (Das Problem der vermuteten Unschuld im Ermittelungsverfahren), NP 1954, 9, 16—34;

ders.: Charakter i zadania wymiaru sprawiedliwości (Wesen u. Aufgabe der Rechtsprechung), PiP 1949, 9/10, 60;

Świątkowski, Henryk: Reformy w dziedzinie prawa karnego (Reformen a. d. Geb. d. Strafrechts), DPP 1949, 4;

Szerer, Mieczysław: Z zagadnień demokratyzacji prawa karnego I—III (Auswahl v. Problemen d. Demokratisierung des Strafrechts I—III), PiP 1949, 5, 70—73; 8, 57—60;

Siewierski, Mieczysław: Odstępstwo od narodowości. Przegląd orzecznictwa Sądu Najwyższego i doktryny z lat 1947 i 1948 na tle tzw. dekretu czerwcowego 1946 r (Die Verleugnung der Nationalität. Übersicht der Rechtspr. d. Ob. Ger. und der Lehre der Jahre 1947 und 1948 auf Grund des sog. Junidekr. von 1946), DPP 1949, 1, 10—19;

Trajnin, A. N.: Podstawowe zasady socjalistycznego prawa karnego (Grundlagen d. sozialistischen Strafr.), DPP 1948, 11;

Wolter, Władysław: Niektóre zagadnienia prawa karnego w świetle konstytucji Polskiej Rzeczyposp. Ludowej (Einige Probleme des Strafr. im Lichte der Verfassung der Polnischen Volksrepublik), PiP 1954, 2, 238—252;

ders.: Zakres nowy obowiązującej ustawy karnej co do miejsca podmiotu i przedmiotu przestępstwa na tle Kodeksu Karnego Polski Ludowej (Der neue Geltungsbereich des verbindlichen Strafgesetzes bezügl. d. Subjektes und Objektes des Deliktes a. G. des Strafkodexes d. Poln. Volksrepublik), PiP 1953, 2, 211;

ORZECZNICTWO Sądu Najwyższego Izby Cywilnej i Izby Karnej. (Die Rechtspr. d. Ob. Gerichtes der Zivil- u. Strafkammer), Wwa, wyd. prawnicze 1953, 181 S.;

KODEKS KARNY i prawo o wykroczeniach. Ważniejsze ustawy szczególne (Der StK u. d. Übertretungsrecht. Die wichtigsten Spezialgesetze), Wyd. VI w/g stanu prawnego na dzień 1. 9. 1953, 248 S.;

STAN NAUKI prawa karnego w Polsce — Referat zbiorowy Komisji Konsultacyjno — Naukowej przy Ministerstwie Sprawiedliwości (Der Stand der Strafrechtswiss. i. Polen — Ein Sammelreferat der konsultativwiss. Komm. beim Justiz-M.), DPP 1950, 7; auch Verl. d. JustizM 1950, 165 S.;

ZBIÓR ORZECZEŃ Sądu Najwyższego. Orzeczenia Izby Karnej. Rok 1945 — 1953 (23 Bände) zebrano i opracowano do druku przez Biuro Orzecznictwa Sądu Najwyższego. (Entscheidungssammlung d. Ob. Gerichtes. Die Entscheidungen der Strafkammer. Für die Jahre 1945—1953 gesammelt und für den Abdruck bearbeitet durch das Büro f. Rechtsprechung beim Ob. Ger.), Wwa Min. Sprawiedl. (1953);

MATERIAŁY do kodyfikacji prawa karnego. Głosy praktyki sądowej. (Unterlagen zur Kodif. d. Strafr. Stimmen der Gerichtspraxis), NP 1951, 3;

PROJEKT kodeksu karnego Polski Ludowej. Część ogólna. (Entwurf des StK Volkspolens. Allg. Teil), Wwa, Komisja konsultatywno-naukowa przy Min. Spr., 40 S.;

SZEROKA DYSKUSJA — cenna pomoc w praktyce kodyfikacyjnej. (Die weite Diskussion — eine wichtige Hilfe bei der Kodifikationsarbeit), NP, 1951, 4.

ÜBERSETZUNGEN DER WICHTIGSTEN TEXTE

I.

Gesetzgebungsakte durch die das geltende materielle Strafrecht grundsätzlich verändert worden ist

1.

Dekret vom 23. September 1945 betr. Strafkodex des polnischen Militärs

— DzURP 1944 Nr. 6, Pos. 27 —

(Auszug)

Abschnitt 1

Staatsverbrechen

Art. 85. Wer es unternimmt, die Unabhängigkeit des Polnischen Staates zu beseitigen oder einen Teil seines Staatsgebietes loszureißen,
— wird mit Gefängnis von 10 bis zu 15 Jahren oder mit dem Tode bestraft.

Art. 86. § 1. Wer es unternimmt, die eingesetzten Organe der Hoheitsgewalt des Volkes gewaltsam zu beseitigen oder ihre Macht an sich zu reißen,
— wird mit Gefängnis nicht unter 5 Jahren oder mit dem Tode bestraft.

§ 2. Wer es unternimmt, die Verfassung des Polnischen Staates gewaltsam zu ändern,
— wird mit Gefängnis nicht unter 5 Jahren oder mit dem Tode bestraft.

Art. 87. Wer eine Straftat aus Art. 85 oder 86 vorbereitet,
— wird mit Gefängnis bestraft.

Art. 88. § 1. Wer zum Zwecke der Begehung einer Straftat aus Art. 85 oder 86 mit anderen Personen in Verbindung tritt,
— wird mit Gefängnis bestraft.

§ 2. Straffrei bleibt, wer nach einer Beteiligung an einer Verschwörung die zuständige Strafverfolgungsbehörde hiervon benachrichtigt, ehe noch diese Behörde von der Verschwörung Kenntnis erlangt hat und bevor nachteilige Folgen für den Staat erwachsen sind. Die Straffreiheit wirkt nicht zu Gunsten einer Person, die eine solche Verschwörung selbst veranlaßt hat.

Art. 89. Wer zum Zwecke der Begehung eines Verbrechens aus Art. 85 oder 86

a) sich mit einer Person ins Einvernehmen setzt, die im Interesse eines fremden Staates oder einer fremden Organisation handelt oder

b) Mittel für einen bewaffneten Kampf ansammelt,
— wird mit Gefängnis von 10 bis 15 Jahren oder mit dem Tode bestraft.

Art. 90. Wer zum Nachteil des Polnischen Staates handelnd Nachrichten sammelt oder überweist, die ein Staats- oder militärisches Geheimnis bilden, auf die Seite des Feindes überläuft oder ins Ausland flüchtet,
— wird mit Gefängnis von 10 bis 15 Jahren oder mit dem Tode bestraft.

Art. 91. § 1. Wer während eines Krieges zum Vorteil des Feindes oder zum Nachteil der polnischen oder verbündeten bewaffneten Streitmacht handelt,
— wird mit Gefängnis von 10 bis 15 Jahren oder mit dem Tode bestraft.

§ 2. Wer als polnischer Staatsangehöriger freiwillig in den Dienst eines feindlichen Militärs tritt, auch wenn er hierdurch die fremde Staatsangehörigkeit erwirbt,
— wird mit Gefängnis bestraft.

§ 3. Nimmt der Täter an Kriegshandlungen gegen den Polnischen Staat teil, dann
— wird er mit dem Tode bestraft.

Art. 92. Wer während eines Krieges Kampfhandlungen gegen den Polnischen Staat unternimmt, ohne den feindlichen Bewaffneten Streitkräften anzugehören,
— wird mit dem Tode bestraft.

Art. 93. § 1 Wer sich am Leben oder der Gesundheit einer Person vergreift, die den Polnischen Staat oder das polnische Militär oder verbündete Staaten oder Armeen repräsentiert,
— wird mit Gefängnis von 10 bis 15 Jahren oder mit dem Tode bestraft.

§ 2. Wer eine solche Person beleidigt,
— wird mit Gefängnis bis zu 3 Jahren oder mit Haft bestraft.

Art. 94. Wer eine glaubwürdige Nachricht von Straftaten aus Art. 85, 86, 87, 88, 94 in einem Zeitpunkt erhält, in dem man dieselben noch verhindern könnte und die Behörden nicht rechtzeitig unterrichtet,
— wird mit Gefängnis bestraft.

Art. 95. Wer öffentlich zum Sturze, zur Untergrabung oder Schwächung der polnischen Staatsgewalt oder zur Begehung von Straftaten aus Art. 85, 86, 90,92 und 93 aufruft oder sie verherrlicht, ferner wer Schriften, Drucke oder Bildnisse anfertigt, verbreitet, oder verwahrt, die zur Begehung derartiger Straftaten aufrufen oder diese verherrlichen
— wird mit Gefängnis bestraft.

Art. 96. Wer öffentlich zum Angriffskrieg aufruft
— wird mit Gefängnis oder mit dem Tode bestraft.

Art. 97. § 1. Wer zum Zwecke der Schwächung der Verteidigungsbereitschaft der Bevölkerung während eines Krieges oder im Stadium einer Kriegsgefahr Nachrichten veröffentlicht, die geeignet sind, diese Bereitschaft zu untergraben,
— wird mit Gefängnis bestraft.

§ 2. Wenn der Täter unwahre Nachrichten verbreitet, ohne die Verteidigungsbereitschaft untergraben zu wollen, dann
— wird er mit Gefängnis bis zu 5 Jahren bestraft.

Art. 98. § 1. Wer dem Militär Waffen und anderes Kriegsgerät liefert, die untauglich sind, ferner wer während eines Krieges oder im Stadium einer Kriegsgefahr seine Pflicht-Sachlieferungen oder eine vereinbarte Belieferung des Militärs nicht erfüllt oder sie in einer mit dem Gesetz oder der Vereinbarung nicht übereinstimmenden Weise erfüllt,
— wird mit Gefängnis bestraft.

§ 2. In gleicher Weise wird bestraft der Lieferant, der Vermittler, der Bevollmächtigte und der Angestellte des Lieferanten oder des Vermittlers, der die Lieferung von untauglichen Objekten oder die Erfüllung des Vertrages oder der Sachlieferung veranlaßt hat.

Art. 99. Wer als polnischer Staatsangehöriger im Auslande öffentlich falsche Nachrichten in der Absicht verbreitet, die Interessen des Polnischen Staates zu schädigen,
— wird mit Gefängnis bestraft.

Art. 100. § 1. Wer als polnischer oder als Staatsangehöriger eines verbündeten Staates oder als Staatenloser freiwillig seine Zugehörigkeit zu einer fremden Nationalität, die den Polnischen Staat bekämpft, anmeldet, oder angemeldet hat,
— wird mit Gefängnis nicht unter 5 Jahren bestraft.

§ 2. Das Gericht erkennt darüber hinaus auf den Verfall des Vermögens des Verurteilten, seines Ehegatten und seiner Kinder zu Gunsten der Staatskasse mit Ausnahme desjenigen Vermögens der letzteren, das sie durch eigenen Verdienst, durch Schenkung oder im Wege des Erbfalls erworben haben, sofern der Schenker oder Erblasser nicht selbst wegen einer in § 1 bezeichneten Straftat zu bestrafen wäre.

Über die Unpfändbarkeit beschließen die allgemeinen Zivilgerichte gemäß den Bestimmungen des Zivilprozeßkodex.

§ 3. Wer als polnischer Volkszugehöriger während des Krieges freiwillig seine Zugehörigkeit zu einer fremden Nationalität, die von den Behörden eines Staates, der gegen den polnischen Staat Krieg führt, als begünstigt angesehen wird, anmeldet oder angemeldet hat,
— wird mit Gefängnis nicht unter 3 Jahren bestraft.

§ 4. Das Gericht kann den Vermögensverfall gem. § 2 beschließen.

Art. 101. Wer innerhalb des polnischen Staatsgebietes ein Wappen, eine Fahne oder ein Banner eines fremden Staates, die öffentlich von dessen Repräsentation ausgestellt werden, verunglimpft, beschädigt oder entfernt,
— wird mit Gefängnis bis zu 2 Jahren bestraft.

Art. 102. § 1. Wer öffentlich zu nationalen, rassischen oder religiösen Auseinandersetzungen aufruft oder Schriften, Drucke und Bildnisse herstellt, verbreitet oder verwahrt, die für diesen Zweck vorgesehen sind
— wird mit Gefängnis bestraft.

§ 2. Wer öffentlich zu Handlungen aufruft, die gegen die solidarische Übereinstimmung des polnischen Staates mit einem verbündeten Staat gerichtet sind, oder Schriften, Drucke und Bildnisse herstellt, verbreitet oder verwahrt, die für diesen Zweck vorgesehen sind,
— wird mit Gefängnis bestraft.

§ 3. Wer in der Absicht, den polnischen Staat der Gefahr eines Krieges oder des Abbruchs diplomatischer Beziehungen auszusetzen, feindselige Handlungen gegenüber einem fremden Staat vornimmt,
— wird mit Gefängnis bestraft.

§ 4. Wer eins der in den §§ 1, 2 und 3 bezeichneten Delikte während eines Aufstandes oder eines Krieges begeht,
— wird mit Gefängnis nicht unter 3 Jahren oder mit dem Tode bestraft.

Art. 103. Wer öffentlich die Verfassung des polnischen Staates lästert, verunglimpft oder verhöhnt oder den Faschismus, Nationalsozialismus oder die hitlerischen Verbrechen rühmt, oder zu ihrer Begehung auffordert oder zur Einführung der faschistischen oder nationalsozialistischen Verfassung in Polen aufruft oder wer faschistische oder nationalsozialistische Organisationen gründet, öffentlich zur Gründung oder zum Beitritt aufruft
— wird mit Gefängnis oder mit dem Tode bestraft.

. . . pp . . .

Abschnitt XXV

Straftaten im Felde gegen die Bevölkerung und das Vermögen

. . . pp . . .

Art. 185. § 1. Wer während eines Krieges freiwillig an Verfolgungen der Zivilbevölkerung oder von Kriegsgefangenen oder an der Tötung solcher Personen teilgenommen hat oder teilnimmt
— wird mit dem Tode bestraft.

§ 2. Wer während eines Krieges freiwillig mit den feindlichen Behörden bei der Verfolgung und Festnahme von Personen teilnimmt oder teilgenommen hat, die von diesen Behörden nicht für kriminelle

Straftaten verfolgt werden, oder wer solche Personen in der Absicht festgenommen hat, sie in die Hand der feindlichen Behörden auszuliefern,
— wird mit dem Tode bestraft.

§ 3. Wer während eines Krieges von den oben genannten Personen, die durch die feindlichen Behörden verfolgt werden, Leistungen irgendwelcher Art erpreßt oder erpreßt hat mit der Drohung, sie festzunehmen und den feindlichen Behörden auszuliefern,
— wird mit Gefängnis bestraft.

§ 4. Das Gericht beschließt in Fällen des § 3 den Verfall des Vermögens des Verurteilten, seines Ehegatten und seiner Kinder mit Ausnahme des Vermögens der letzteren, soweit es aus eigenem Arbeitsverdienst, aus einer Schenkung oder aus einem Erbfall stammt, falls der Schenker oder Erblasser nicht selbst für eine Straftat gem. § 3 zu bestrafen ist.

. . . pp . . .

Abschnitt XXVII

Schlußbestimmungen

Art. 189: Dieses Dekret tritt mit dem Tage seiner Veröffentlichung in Kraft. Die Bestimmungen der Art. 100 und 185 dieses Dekrets finden jedoch auch hinsichtlich von Straftaten Anwendung, die nach dem 31. August 1939 begangen worden sind.

2.

Dekret vom 13. Juni 1946 über die im Stadium des Wiederaufbaus des Staates besonders gefährlichen Delikte

— DzU 1946, 30, 192; —
veröffentlicht am 12. 7. 1946

Änderungen:
— DzU 1947, Nr. 65, Pos. 390 —
— DzU 1949, Nr. 32, Pos. 238 —
— DzU 1949, Nr. 45, Pos. 334 —

Abschnitt 1

Straftaten gegen die öffentliche Sicherheit

Art. 1. § 1. Ein gewaltsamer Angriff auf eine Einheit der polnischen oder der verbündeten Streitkräfte oder auf eine diesen angehörende Einzelperson
— wird mit Gefängnis nicht unter 5 Jahren oder mit lebenslänglichem Gefängnis bestraft.

§ 2. Ebenso wird bestraft ein gewaltsamer Angriff auf einen Abgeordneten zum *Landes-National-Rat*[27]) oder ein Mitglied eines anderen National-Rates einen Staats- oder *Kommunalbeamten*, eine Person, die den polnischen oder verbündeten Streitkräften angehört oder einen Vertreter eines Berufsverbandes oder einer politischen oder sozialen Organisation von gesamtstaatlicher Bedeutung — bei oder wegen der Ausübung seiner Obliegenheiten oder wegen seiner Stellung oder Zugehörigkeit zu der Organisation oder den Streitkräften.

§ 3. Hat die in den §§ 1 oder 2 beschriebene Tat zu einem Todesfall oder einer schweren Körperverletzung geführt oder hat der Täter den gewaltsamen Angriff unter Waffengebrauch oder unter anderen besonders gefährlichen Umständen begangen, dann
— wird er mit Gefängnis nicht unter 10 Jahren oder mit lebenslänglichem Gefängnis oder mit dem Tode bestraft.

Art. 2. Wer öffentlich zur Begehung einer in Art. 1 beschriebenen Straftat aufruft oder sie befürwortet,
— wird mit Gefängnis nicht unter 3 Jahren bestraft.

Art. 3. Sabotagehandlungen unter nachf. Tatumständen:

1. Vernichtung oder Unbrauchbarmachung von Anlagen oder Einrichtungen des öffentlichen Bedarfs oder der öffentlichen Verkehrsmittel oder von Einrichtungen, die der Verteidigung des polnischen oder eines verbündeten Staates dienen.

2. Verhinderung oder Erschwerung der ordnungsgemäßen Funktionierung der unter Punkt 1 genannten Anlagen oder Einrichtungen;

3. die Herstellung völlig oder in hohem Maße unbrauchbarer Gegenstände des militärischen Bedarfes
— werden mit Gefängnis nicht unter 3 Jahren oder mit lebenslänglichem Gefängnis oder mit dem Tode bestraft.

Art. 4. § 1. Wer ohne Erlaubnis Schußwaffen, Munition, Explosivstoffe oder -Geräte oder andere Gegenstände, die eine allgemeine Gefahr heraufbeschwören können, herstellt, sammelt oder verwahrt,
— wird mit Gefängnis oder mit lebenslänglichem Gefängnis oder mit dem Tode bestraft.

§ 2. In leichteren Fällen kann das Gericht die Strafe außergewöhnlich mildern oder ganz erlassen.

Art. 5. Ein polnischer Staatsangehöriger, der sich mit einer Person in Verbindung setzt, welche im Interesse einer ausländischen Regierung oder Organisation handelt in der Absicht, den polnischen Staat zu schädigen,
— wird mit Gefängnis nicht unter 5 Jahren bestraft.

Art. 6. Ein polnischer Staatsangehöriger, der im Zusammenhang mit seiner Tätigkeit zum Nachteil des polnischen Staates oder von

---

[27]) jetzt: Sejm.

einer im Interesse einer auswärtigen Regierung oder Organisation handelnden Person einen materiellen oder persönlichen Vorteil fordert,
— wird mit Gefängnis nicht unter 5 Jahren oder mit lebenslänglichem Gefängnis oder mit dem Tode bestraft.

Art. 7. Wer zum Schaden des polnischen Staates handelnd Nachrichten, Urkunden oder andere Gegenstände, die ein Staats- oder Militärgeheimnis darstellen, sammelt oder übermittelt,
— wird mit Gefängnis nicht unter 5 Jahren oder mit lebenslänglichem Gefängnis oder mit dem Tode bestraft.

Art. 8. § 1. Wer eine polnische Behörde irreführt, indem er ihr falsche Informationen erteilt oder ihr gefälschte oder entstellte Urkunden oder solche Gegenstände überbringt, die für die Sicherheit des polnischen Staates von Bedeutung sind,
— wird mit Gefängnis nicht unter 5 Jahren oder mit lebenslänglichem Gefängnis oder mit dem Tode bestraft.

§ 2. Ebenso wird bestraft, wer seine Dienste der polnischen Behörde anbietet, indem er irreführend die Umstände seiner eigentlichen Tätigkeit in Beziehung auf die Regierung eines fremden Staates verheimlicht.

Art. 9. Wer öffentlich Nachrichten, Dokumente oder andere Tatsachen, die die Staatsverteidigung oder die Streitkräfte betreffen, verbreitet, obwohl deren Verbreitung der Staatsverteidigung schädlich sein könnte oder ein Veröffentlichungsverbot insoweit erlassen ist,
— wird mit Gefängnis bis zu 5 Jahren bestraft.

Art. 10. Wer ohne Genehmigung einen Rundfunksendeapparat erbaut oder einen solchen besitzt
— wird mit Gefängnis bestraft;

Art. 11. Wer öffentlich zu Handlungen auffordert, die gegen die solidarische Übereinstimmung mit einem verbündeten Land gerichtet sind,
— wird mit Gefängnis nicht unter 3 Jahren bestraft.

Art. 12. § 1. Wer polnisches oder fremdes Geld fälscht oder verarbeitet oder die Kennzeichen der Geldentwertung beseitigt,
— wird mit Gefängnis oder mit lebenslänglichem Gefängnis oder mit dem Tode bestraft;

§ 2. Wer zur Begehung einer in § 1 beschriebenen Tat

1. die erforderlichen technischen Hilfsmittel herstellt, erwirbt, verwahrt oder transportiert
— wird mit Gefängnis bestraft;

2. falsches Geld annimmt, verwahrt oder transportiert,
— wird mit Gefängnis bestraft.

§ 3. Die Vorschriften dieses Artikels finden auf Personen keine Anwendung, die falsches Geld verwahren oder in Umlauf setzten, das sie als echtes erhalten haben.

Art. 13. § 1. Wer Vorbereitungen zu einer in den Artikeln 1, 3 oder 7 beschriebenen Straftat trifft,
— wird mit Gefängnis nicht unter 3 Jahren bestraft;

§ 2. Wer in der Absicht, eine Straftat gem. Art. 1, 3 oder 7 zu begehen, mit anderen Personen in Verbindung tritt,
— wird mit Gefängnis nicht unter 3 Jahren oder mit lebenslänglichem Gefängnis oder mit dem Tode bestraft.

Art. 14. § 1. Wer an einer Verbindung teilnimmt, die die Begehung eines Verbrechens zum Ziel hat, oder einer solchen Verbindung Beihilfe leistet, insbesondere durch Lieferung von Mitteln, die die Erreichung des beabsichtigten Zieles erleichtern,
— wird mit Gefängnis nicht unter 5 Jahren oder mit lebenslänglichem Gefängnis bestraft.

Art. 15. § 1. Begeht ein Delegierter zum *Landes-Nationalrat*[28]), ein Mitglied eines anderen National-Rates ein Staats- *oder Kommunal*beamter, ein Angehöriger der Streitkräfte, ein Vertreter eines Berufsverbandes, einer politischen oder sozialen Organisation von allgemein staatlicher Bedeutung, eine in Art. 13 geschilderte Straftat,
— so wird er mit Gefängnis nicht unter 5 Jahren oder mit lebenslänglichem Gefängnis oder mit dem Tode bestraft.

§ 2. Begeht eine der in § 1 genannten Personen eine Straftat gem. Art. 1, 3, 7 oder 14,
— so wird sie mit Gefängnis nicht unter 10 Jahren, oder mit lebenslänglichem Gefängnis oder mit dem Tode bestraft.

Art. 16. § 1. Wer in Kenntnis der Tatsache, daß eine Verbindung Kampfmittel für den bewaffneten Kampf ansammelt, sich an dieser Verbindung beteiligt oder eine solche oder deren Mitglieder laufend unterstützt,
— wird mit Gefängnis nicht unter 19 Jahren oder mit lebenslänglichem Gefängnis oder mit dem Tode bestraft.

§ 2. Das Gericht kann die Strafe außerordentlich mildern oder hiervon gänzlich absehen, wenn das Mitglied einer Verbindung, dem die Unterstützung gewährt wurde, ein Ehegatte oder ein gradliniger Verwandter, ein Bruder oder eine Schwester des Täters ist, wenn dessen Unterstützung nicht als eine Beihilfe zu werten ist.

Art. 17. § 1. Straffrei bleibt, wer nach Beteiligung an einer Verschwörung (Art. 13, § 2) oder einer Verbindung (Art. 14) hiervon der Strafverfolgungsbehörde Nachricht gibt, bevor diese hiervon Kenntnis erlangt hat. Straffrei bleibt nicht, wer die Verschwörung oder die Verbindung selbst angezettelt hat in der Absicht, diese Umstände nachträglich den Behörden aufzudecken.

§ 2. Das Gericht kann die Strafe außerordentlich mildern oder ganz von Strafe absehen, wenn der Teilnehmer an der Verschwörung (Art. 13, § 2) oder einer Verbindung (Art. 14), die die Behörde bereits

---

[28]) jetzt: Sejm.

bekannt war, freiwillig seine strafbare Tätigkeit eingestellt und der Strafverfolgungsbehörde die ihm bekannten Mitglieder der Verschwörung oder Verbindung und ihre Straftaten sowie die zu ihrer Ausführung benutzten Mittel aufgedeckt hat.

Art. 18. § 1. Wer von einer in den Artikeln 1, 3, 4, 7, 13 oder 14 dieses Dekrets oder den Artikeln 85—88 des Militärstrafkodex beschriebenen Straftat glaubwürdige Kenntnis erlangt und der Strafverfolgungsbehörde hiervon nicht sofort Nachricht gibt,
— wird mit Gefängnis bis zu 5 Jahren bestraft.

§ 2. Wer bei der Ausübung der obrigkeitlichen Gewalt innerhalb der Staats- *oder Selbstverwaltung*, eine glaubwürdige Nachricht von der Begehung einer in § 1 genannten Straftat auf dem ihm unterstellten Gebiet erhält oder davon Kenntnis erlangt, daß ein Mitglied einer Verschwörung (Art. 13, § 2) oder einer Verbindung (Art. 14) sich in diesem Gebiet aufhält und hiervon nicht sofort die Strafverfolgungsbehörden benachrichtigt,
— wird mit Gefängnis nicht unter 10 Jahren bestraft.

§ 3. In leichten Fällen kann das Gericht die Strafe außerordentlich mildern, oder von ihr gänzlich absehen.

§ 4. Strafbar macht sich nicht, wer die Strafanzeige in der begründeten Annahme unterläßt, daß die Behörde von der Straftat bereits ohnehin Nachricht erlangt hat.

§ 5. Das Gericht kann die Strafe außerordentlich mildern oder von einer Bestrafung gänzlich absehen, wenn jemand die Strafanzeige deshalb unterlassen hat, weil er seine eigene strafrechtliche Verantwortlichkeit befürchtete oder seinen Ehegatten, Verwandten in gerader Linie oder seinen Geschwistern die Bestrafung ersparen wollte. Den in § 2 genannten Personen darf keine außerordentliche Strafmilderung gewährt werden.

Abschnitt II

Straftaten gegen die öffentliche Ordnung

Art. 19. Wer mittels Gewalt oder durch strafbare Bedrohung einen Einfluß auf die Tätigkeit der Nationalräte ausübt oder deren Arbeit behindert,
— wird mit Gefängnis bestraft.

Art. 20. Wer die Durchführung der Bodenreform verhindert oder erschwert oder zu Handlungen aufruft, die gegen ihre Durchführung gerichtet sind oder solchen Handlungen öffentlich Anerkennung zollt,
— wird mit Gefängnis bestraft.

Art. 21. § 1. Wer sich böswillig der auf ihm ruhenden allgemeinen gesetzlichen Sachleistungspflicht entzieht, oder einer anderen Person die Ausführung einer solchen sie belastenden Pflicht erschwert oder unmöglich macht, oder öffentlich dazu aufruft, derartige Pflichten nicht zu erfüllen,

§ 2. Wer seine Verpflichtung zur Beitreibung von Sachleistungen nicht erfüllt,
— wird mit Gefängnis bestraft.

Art. 22. Wer falsche Nachrichten verbreitet, welche geeignet sind, die Interessen des polnischen Staates wesentlich zu gefährden oder das Ansehen seiner obersten Organe zu schädigen,
— wird mit Gefängnis bis zu 5 Jahren oder mit Haft bestraft,

Art. 23. § 1. Wer Schriften, Drucksachen, oder Bilder, die zur Begehung eines Verbrechens aufrufen oder ein Verbrechen anerkennen, oder deren Inhalt den Staatsbehörden gegenüber geheim bleiben soll, oder die falsche Nachrichten enthalten, welche den Interessen des polnischen Staates einen wesentlichen Schaden zufügen oder das Ansehen der obersten Organe wesentlich schädigen können, — verbreitet oder zur Verbreitung herstellt, verwahrt oder transportiert
— wird mit Gefängnis nicht unter 3 Jahren bestraft.

§ 2. Wenn eine im zuvorgehenden Paragraphen beschriebene Tat dem Staate einen wesentlichen Schaden zufügt, dann wird der Täter
— mit Gefängnis nicht unter 5 Jahren oder mit lebenslänglichem Gefängnis bestraft.

Art. 24. § 1. Wer die in Art. 23 genannten Schriften, Drucke und Bildnisse verwahrt,
— wird mit Gefängnis bis zu 5 Jahren bestraft;

§ 2. Eine Straftat begeht nicht, wer solche Gegenstände aus einem Anlaß verwahrt, der durch seinen Beruf gerechtfertigt wird.

Art. 25. Wer

1. ein Wappen, eine Fahne oder ein anderes staatliches Emblem des polnischen oder eines verbündeten Staates,

2. ein Denkmal oder ein anderes Werk, das zur Ehrung oder Verewigung eines Ereignisses oder einer Person dient, welches öffentlich gezeigt werden — lästert, beschädigt oder beseitigt,
— wird mit Gefängnis bis zu 5 Jahren oder mit Haft bestraft.

Art. 26. Wer den Leichnam oder den Begräbnisplatz eines Soldaten der polnischen oder verbündeten Streitkräfte oder einer Person, die den faschistischen Aktionen zum Opfer gefallen ist, lästert oder beschädigt,
— wird mit Gefängnis bis zu 5 Jahren oder mit Haft bestraft.

Art. 27. Wird eine in Art. 25 oder 26 bezeichnete Tat unter besonders belastenden Umständen begangen, dann wird sie
— mit Gefängnis bis zu 10 Jahren bestraft.

Art. 28. Wer öffentlich das polnische Volk oder den polnischen Staat beleidigt, verspottet oder verächtlich macht, unter Umständen, die ein besonderes Ärgernis oder eine Entrüstung nach sich ziehen können,
— wird mit Gefängnis bis zu 10 Jahren bestraft.

Art. 29. Wer öffentlich die Verfassung des polnischen Staates beleidigt, verspottet, oder verächtlich macht oder den Faschismus in irgendeiner seiner Abarten lobt, oder die faschistischen Verbrechen gutheißt oder wer öffentlich aufruft, derartige Verbrechen zu begehen oder faschistische Einrichtungen auch in Polen einzuführen,
— wird mit Gefängnis bis zu 10 Jahren bestraft.

Art. 30[29]**.** Wer öffentlich nationalistische, religiöse oder rassische Auseinandersetzungen provoziert oder sie anerkennt,
— wird mit Gefängnis bis zu 5 Jahren bestraft.

Art. 31[29]**.** § 1. Wer öffentlich eine Bevölkerungsgruppe oder eine Einzelperson wegen ihrer nationalen, religiösen oder rassischen Zugehörigkeit beleidigt, verhöhnt oder verächtlich macht,
— wird mit Gefängnis bis zu 5 Jahren oder mit Haft bestraft.

§ 2. Die gleiche Strafe trifft denjenigen, der die körperliche Integrität einer Person verletzt oder ihr eine leichte Körperverletzung wegen ihrer nationalen, religiösen oder rassischen Zugehörigkeit zufügt.

Art. 32[29]**.** Wer eine Straftat begeht, die gegen eine Bevölkerungsgruppe oder eine Einzelperson wegen ihrer nationalen, religiösen oder rassischen Zugehörigkeit gerichtet ist, wird, wenn diese Tat tödlich verläuft oder eine schwere Körperverletzung zur Folge hat oder wenn durch sie der geregelte Ablauf des öffentlichen Lebens gestört oder die öffentliche Sicherheit gefährdet wurde,
— mit Gefängnis nicht unter 3 Jahren oder mit lebenslänglichem Gefängnis oder mit dem Tode bestraft.

Art. 33[29]**.** Wer sich an einem Komplott beteiligt, das die Begehung eines in Art. 31, § 2 oder Art. 32 beschriebenen Deliktes oder an einem Menschenauflauf teilnimmt, der ein solches Delikt mit vereinten Kräften ausübt,
— wird mit Gefängnis bestraft.

Art. 34[29]**.** Wer seinen Pflichten zuwider ein in den Artikeln 30 bis 33 beschriebenes Delikt nicht verhindert,
— wird mit Gefängnis bis zu 5 Jahren oder mit Haft bestraft.

Art. 35. Wer sich an einer Verbindung mit faschistischer Zielsetzung beteiligt oder zur Begründung oder Beteiligung an einer solchen auffordert,
— wird mit Gefängnis bestraft.

Art. 36. Wer an einer Verbindung teilnimmt, deren Vorhandensein, innere Verfassung oder Zielsetzung den Staatsbehörden gegenüber geheim bleiben soll,
— wird mit Gefängnis bestraft.

---

[29]) Teilweise überholt durch Dekr. v. 5. 8. 1949 über den Schutz der Freiheit des Gewissens und des Bekenntnisses (DzU Nr. 45, Pos. 334).

Art. 37. Wer seine leitenden Funktionen in einer Verbindung, der die staatliche Zulassung verweigert wurde, auch fernerhin ausübt,
— wird mit Gefängnis bis zu 5 Jahren oder mit Haft bestraft.

Art. 38. Wer unter Berufung auf seinen Einfluß auf einen Beamten (Art. 46), die Vermittelung einer Amtsangelegenheit mit dessen Hilfe übernimmt und als Gegenleistung einen materiellen oder persönlichen Vorteil für sich oder eine andere Person entgegennimmt oder sich einen solchen Vorteil versprechen läßt, bzw. ihn fordert,
— wird mit Gefängnis bestraft.

Abschnitt III

Straftaten gegen die staatlichen Wirtschaftsinteressen

Art. 39. Wer vorsätzlich in staatlichen *oder kommunalen* Betrieben oder in solchen, die mit einer Finanzbeteiligung des Staates *oder einer Selbstverwaltungsbehörde geführt werden oder unter der Verwaltung des Staates oder einer Selbstverwaltungsbehörde* stehen, oder von staatlichen oder kommunalen Unternehmen oder von Genossenschaften geleitet werden,

1. zum Schaden der sozialen Interessen das Produktionsniveau senkt, indem er die Qualität der Erzeugnisse oder die Kapazität der eigenen Arbeit oder die Arbeit des ihm unterstellten Personals vermindert, oder

2. unter Nichterfüllung der auf ihm lastenden Pflicht die erforderlichen Bemühungen um die technische Einrichtung des Betriebes oder um seine Rohstoffe und Waren unterläßt und hierdurch den Zustand dieser Einrichtungen erheblich verschlechtert oder die Rohstoffe und Waren vergeudet,

— wird mit Gefängnis bestraft.

Art. 40. § 1. Wer entgegen den Anordnungen einer Behörde oder eines ermächtigten Organs Waren in den freien Umsatz einführt, die für die verplante Verteilung unter die Bevölkerung bestimmt waren,
— wird mit Gefängnis bestraft.

§ 2. Handelt der Täter fahrlässig, dann
— wird er mit Gefängnis bis zu 5 Jahren oder mit Haft bestraft.

Art. 41. § 1. Wer die öffentlichen Interessen im Rahmen der verplanten Verteilung von Waren unter die Bevölkerung schädigt, indem er die ihm aufgetragenen Tätigkeiten unterläßt oder über die Waren entgegen dem Auftrag oder den geltenden Bestimmungen verfügt,
— wird mit Gefängnis bestraft.

§ 2. Handelt der Täter fahrlässig, dann
— wird er mit Gefängnis bis zu 5 Jahren oder mit Haft bestraft.

Art. 42. Wer als Vorgesetzter oder Arbeitgeber, böswillig oder fortgesetzt die ihn betreffende soziale und gesetzliche Verpflichtung,

auf das Wohl der Arbeitnehmer bedacht zu sein, verletzt und diese dadurch gefährdet,
— wird mit Gefängnis bis zu 5 Jahren oder mit Haft bestraft.

Art. 43. § 1. Wer sich fremdes bewegliches Vermögen aneignet oder dieses in Aneignungsabsichten entwendet, während es des ausreichenden Schutzes in Verbindung mit einem Krieg oder infolge eines anderen außergewöhnlichen Ereignisses gebricht,
— wird mit Gefängnis bestraft.

§ 2. In leichteren Fällen kann das Gericht eine außerordentliche Strafmilderung anwenden und wenn der Täter aus Not geringwertige Gegenstände zum alsbaldigen Verbrauch entwendet hat — gänzlich von Strafe absehen.

Art. 44. § 1. Wer das Verbot der Ausfuhr von beweglichen Sachen aus den Wiedergewonnenen Gebieten verletzt (Art. 66)
— wird mit Gefängnis bis zu 3 Jahren und mit Geldstrafe bestraft;

§ 2. In leichteren Fällen kann das Gericht Haft- oder Geldstrafe anwenden.

Art. 45. Wer anläßlich seiner bevorstehenden Umsiedlung in das Gebiet eines anderen Staates den auf Grund des Art. 65 erlassenen Vorschriften zuwider eigene oder fremde Vermögensgegenstände veräußert, erwirbt, verbirgt, beschädigt oder unbrauchbar macht,
— wird mit Gefängnis bis zu 3 Jahren oder mit Haft bis zu 3 Jahren bestraft.

Abschnitt IV

Besondere Bestimmungen

Art. 46. § 1. Der für Beamte vorgesehenen strafrechtlichen Verantwortlichkeit unterliegen außer den in Art. 292 Strafkodex von 1932 genannten Personen ferner auch die Funktionäre von staatlichen *oder kommunalen* Betrieben, die mit staatlicher *oder kommunaler* Beteiligung arbeiten oder unter staatlicher *oder kommunaler* Verwaltung stehen und von Organisationen, die staatliche *oder kommunale* Auftragsangelegenheiten ausführen.

§ 2. Den in § 1 genannten Personen werden hinsichtlich der strafrechtlichen Verantwortlichkeit gleichgestellt die Behördenmitglieder und Funktionäre der Genossenschaften *und der genossenschaftlichen Revisionsverbände*[30]).

Art. 47. Straffrei bleibt, wer aufforderungsgemäß einem Beamten (Art. 46) oder einer anderen Person in Verbindung mit dessen Amtstätigkeit einen materiellen oder persönlichen Vorteil gewährt oder verspricht, wenn er hiervon die Strafverfolgungsbehörde be-

[30]) Jetzt: Zentraler Genossenschaftsverband — gem. Ges. v. 21. 5. 1948 über den Zentralgenossenschaftsverband und die Genossenschaftszentralen (DzU Nr. 30, Pos. 199).

nachrichtigt, ehe noch diese Behörde hiervon Kenntnnis erlangt, oder wenn er spätestens bei seiner ersten Vernehmung die Wahrheit aussagt.

Art. 48. Wenn ein Verbrechen oder vorsätzliches Vergehen eine Gefährdung des ordnungsmäßigen Funktionierens oder der Sicherheit von öffentlichen Verkehrsmitteln oder der Sicherheit von Personen oder von Vermögenswerten in Verbindung mit dem Transport auf solchen Verkehrsmitteln bewirkt oder zu bewirken geeignet ist, so verhängt das Gericht auch dann eine Gefängnisstrafe, wenn das Gesetz für die fragliche Tat eine mildere Strafe vorsieht.

Art. 49. § 1. Im Falle der Verurteilung zum Tode oder zu einer lebenslänglichen Gefängnisstrafe und bei Verurteilung wegen einer Straftat gem. Art. 1, § 3 und Art. 16, § 1, verhängt das Gericht als Nebenstrafe die Einziehung des Vermögens des Verurteilten.

§ 2. Im Falle der Verurteilung zu einer zeitlichen Gefängnisstrafe kann das Gericht zusätzlich auf Verlust der öffentlichen Rechte und bürgerlichen Ehrenrechte und auf Verfall des gesamten Vermögens oder eines bestimmten Vermögensgegenstandes erkennen.

§ 3[31]). Im Falle der Verurteilung zur Todes- oder Gefängnisstrafe kann das Gericht ferner auf Verfall des Vermögens von Personen erkennen, die mit dem Verurteilten in tatsächlicher Ehe- oder Familiengemeinschaft leben, jedoch unter Ausschluß desjenigen Vermögens, das sich die genannten Personen selbst erworben haben oder das ihnen durch Erbfall oder Schenkung außer von Seiten des Verurteilten zugewendet wurde.

§ 4[31]). Das eingezogene Vermögen geht in das Eigentum des Staates unter Vorbehalt der Rechte dritter Personen bis zur Höhe des Wertes des eingezogenen Vermögens über.

§ 5[31]). Der Vermögensverfall betrifft nicht Gegenstände die kraft Gesetzes der Zwangsvollstreckung nicht unterliegen.

Art. 50. § 1. Die Militärgerichte wenden auf die in diesem Dekret bezeichneten Straftaten die allgemeinen Bestimmungen des allgemeinen Teiles des polnischen Militärstrafkodexes an.

§ 2. Für die in diesem Dekret und in den Artikeln 85—88 des poln. Militärstrafkodexes genannten Delikte wird die Gefängnisstrafe im Rahmen von 6 Monaten bis zu 15 Jahren und die Haftstrafe von einer Woche bis zu 5 Jahren auch dann bemessen, wenn sie von Militärgerichten verhängt wird.

§ 3. An Stelle der Bestimmungen des Abschnittes X und der Artikel 54 und 55 des Mil. St. K. wenden die Gerichte auf die in § 2 genannten Straftaten die Bestimmungen des Abschnittes IX und Art. 59 des Strafkodex von 1932 an.

---

[31]) Aufgehoben durch Dekr. v. 22. 10. 1947 über den Vermögensverfall (DzU Nr. 65, Pos. 390).

Abschnitt V

Verfahrensbestimmungen

Art. 51. In Strafsachen gem. Abschnitt I dieses Dekretes und Artikel 85—88 des Militärstrafkodex, sind die Militärgerichte auch solchen Personen gegenüber zuständig, die den allgemeinen Gerichten unterworfen sind, jedoch bei Straftaten gem. Art. 14 dieses Dekretes nur insoweit, als die Verbindung eine der obenbezeichneten Straftaten zum Ziele gehabt hat.

Art. 52—54 (aufgehoben)[32].

Art. 55 § 1. In Straftaten gem. diesem Dekret, die zur Zuständigkeit der Militärgerichte gehören, wird das Ermittlungsverfahren durch die Organe der Öffentlichen Sicherheit ausgeführt, sofern der Militärprokurator von sich aus kein Verfahren aufgenommen hat oder aufnimmt.

§ 2. Die Dienstaufsicht über das von den Organen der Öffentlichen Sicherheit durchgeführte Ermittlungsverfahren liegt dem Militärprokurator ob.

§ 3. Die Organe der Öffentlichen Sicherheit übersenden die Akten nach Abschluß des Ermittlungsverfahrens dem Militärprokurator.

Art. 56—64 (aufgehoben)[33]

Abschnitt VI

Ermächtigung der Minister

Art. 65. Der *Minister für die Wiedergewonnenen Gebiete*[33]) und der *Minister für die Öffentliche Verwaltung*[33]), werden — jeder in seinem Zuständigkeitsbereich—ermächtigt, im Verordnungswege Vorschriften zur Regelung des Umsatzes und der Verfügung mit Vermögenswerten aus Anlaß einer Bevölkerungsumsiedlung zu erlassen.

Art. 66. Der *Minister für die Wiedergewonnenen Gebiete*[33]) wird ermächtigt, Verordnungen betr. das Verbot der Ausfuhr von beweglichen Sachen aus den Wiedergewonnenen Gebieten[34]) zu erlassen.

Abschnitt VII

Schlußbestimmungen

Art. 67. § 1. Verfahren in Strafsachen, auf die das in diesem Dekret enthaltene materielle Recht anzuwenden ist (Art. 2 Strafkodex

---

[32]) Aufgehoben gem. Ges. v. 27. 5. 1949 betr. die Änderung der Bestimmungen des Strafverfahrens (DzU Nr. 32, Pos. 238) — in Kraft ab 1. 7. 1949 —.

[33]) Diese Ministerien sind aufgehoben. Ihr Aufgabenbereich ist übergegangen auf die Ministerien für Kommunalwirtschaft, für Öffentliche Sicherheit, für Landwirtschaft und das dem Ministerratsvorsitzenden unmittelbar unterstellte Kultusamt.

[34]) Vgl. DzU 1948, Nr. 11, Pos. 82 und Nr. 49, Pos. 376; 1951, Nr. 2, Pos. 11 und Nr. 12, Pos. 98.

1932 und Art. 2 Mil. St. K.) werden nach den prozessualen Bestimmungen dieses Dekrets verhandelt.

§ 2. Strafsachen, die gem. dem Dekret vom 16. November 1945 über die im Stadium des Wiederaufbaus des Staates besonders gefährlichen Delikte (DzURP Nr. 53, Pos. 300) eingeleitet wurden, werden gem. den Verfahrensbestimmungen dieses Dekrets fortgesetzt, es sei denn, daß die Hauptverhandlung erster Instanz bereits begonnen hatte.

Art. 68. Für die Dauer der Geltung dieses Dekrets wird die Gesetzeskraft der Bestimmungen des Strafkodexes 1932 in dem Ausmaß ausgesetzt, der in diesem Dekret seine Regelung gefunden hat und die vor Inkrafttreten des Dekrets vom 16. November 1945 über die im Stadium des Wiederaufbaus des Staates besonders gefährlichen Delikte gegolten haben.

Art. 69. Mit dem Tage des Inkrafttretens dieses Dekrets wird das Dekret vom 16. November über die im Stadium des Wiederaufbaus des Staates besonders gefährlichen Delikte (DzURP Nr. 53 Pos. 300) aufgehoben.

Art. 70. Bis zum Erlaß der in Art. 54 § 2 vorgesehenen Verordnung bleiben die Bestimmungen der Verordnung des Justizministers vom 27. November 1945 über das Verfahren bei der Einsetzung und über die Rechte und Pflichten der Schöffen im standgerichtlichen Verfahren und in Verfahren betr. die im Stadium des Wiederaufbaus des Staates besonders gefährlichen Delikte (DzU Nr. 53, Pos. 303) in Kraft.

Art. 71. Die Ausführung dieses Dekrets wird den Ministern für Justiz, für die Nationale Verteidigung, für die Öffentliche Sicherheit, *für die Öffentliche Verwaltung* und *für die Wiedergewonnenen Gebiete*[35]) übertragen.

Art. 72. Das Dekret tritt am Tage seiner Veröffentlichung in Kraft[36]).

3.

Dekret vom 4. März 1953 über den erhöhten Schutz des sozialen Eigentums

— DzU 1953, 17, 68 —
— veröff.: 23. 3. 1953 —

Das soziale Eigentum ist die Grundlage der Verfassung der Polnischen Volksrepublik. Die Polnische Volksrepublik wendet dem sozialen Eigentum ihre erhöhte Aufmerksamkeit und Fürsorge und sichert ihm besonderen Schutz zu.

[35]) Vgl. Fußnote zu Art. 65 dieses Dekr.
[36]) Veröffentl. am 21. 7. 1946.

Jeder Bürger der Polnischen Volksrepublik ist verpflichtet, das soziale Eigentum zu sichern und zu festigen als die unerschütterliche Grundlage der Staatsentwicklung, als Quelle des Reichtums und der Stärke des Vaterlandes. Alle Angriffe auf das soziale Eigentum müssen hart geahndet werden.

Zwecks Erhöhung des Schutzes des sozialen Eigentums wird folgendes bestimmt:

Art. 1. § 1. Wer Sozialvermögen stiehlt, sich aneignet, erschleicht oder in anderer Weise an sich bringt,
— wird mit Gefängnis von 1 bis 5 Jahren bestraft.

§ 2. Wer eine in § 1 beschriebene Straftat begeht, nachdem er schon einmal wegen Aneignung von Sozialvermögen bestraft wurde,
— wird mit Gefängnis von 2 bis 10 Jahren bestraft.

§ 3. Wer sich Sozialvermögen aneignet,

1. das er selbst verwaltet, oder für dessen Schutz, Verwahrung oder Sicherung er selbst kraft seiner Dienststellung oder Funktion verantwortlich ist;
2. indem er als Mitglied einer organisierten Verbrechergruppe handelt;
3. indem er einen Einbruchsdiebstahl begeht;

— wird mit Gefängnis von 2 bis 10 Jahren bestraft.

§ 4. Wer als Täter einer in den §§ 1, 2 oder 3 bezeichneten Tat durch die Wirtschaft oder die Verteidigungsinteressen der Polnischen Volksrepublik erheblich schädigt,
— wird mit Gefängnis nicht unter 5 Jahren oder mit lebenslänglichem Gefängnis bestraft. Darüber hinaus kann das Gericht den Verfall des Vermögens des Täters ganz oder zum Teil verfügen.

Art. 2. § 1. Wer sich Sozialvermögen unter Anwendung von Gewalt oder von Drohung aneignet, wer also Raub begeht,
— wird mit Gefängnis nicht unter 3 Jahren bestraft.

§ 2. Wer den Raub unter Benutzung einer Waffe oder eines anderen gefährlichen Gerätes begeht oder in anderer Weise das menschliche Leben oder die Gesundheit gefährdet,
— wird mit Gefängnis nicht unter 5 Jahren oder zu lebenslänglichem Gefängnis oder mit dem Tode bestraft. — Das Gericht hat ferner den Verfall des Vermögens des Täters ganz oder zum Teil anzuordnen.

Art. 3. § 1. Wer Sozialvermögen erwirbt oder aus irgendeinem Grunde annimmt, obwohl er weiß, daß es gestohlen oder in anderer Weise angeeignet wurde, oder wer beim Absetzen oder Verbergen desselben behilflich ist,
— wird mit Gefängnis von 1 bis 5 Jahren und mit Geldstrafe bestraft.

§ 2. Wenn der Täter die in § 1 bezeichnete Tat fortgesetzt in Erwerbsabsichten begeht oder wenn er eine solche Straftat hinsichtlich eines besonders wertvollen Sozialvermögenswertes begeht,
— wird mit Gefängnis nicht unter 5 Jahren und mit Geldstrafe bestraft.

Art. 4. In Strafsachen wegen der in diesem Dekret genannten Delikte ist die Anordnung der vorläufigen Haft zwingend vorgeschrieben.

Art. 5. In Strafsachen wegen der in diesem Dekret genannten Delikte wird die bedingte Strafaussetzung nicht gewährt.

Art. 6. Die Bestimmungen des Art. 1 werden bei Kleindiebstählen von Sozialvermögen nicht angewandt.

Art. 7. Die Ausführung des Dekrets wird dem Justizminister und dem Generalprokurator der Polnischen Volksrepublik übertragen.

Art. 8. Das Dekret tritt am Tage seiner Verkündung in Kraft.

4.

Dekret vom 4. März 1953 über den Schutz des sozialen Eigentums vor Kleindiebstählen

— DzU 1953, Nr. 17, Pos. 69 —
— veröff.: 23. 3. 1953 —

Dem sozialen Eigentum muß in der Polnischen Volksrepublik die erhöhte Aufmerksamkeit und Fürsorge des Staates und seiner Bürger zugewandt werden. Jede, selbst die geringfügigste Verletzung des sozialen Eigentums, seiner Vollständigkeit und Integrität muß streng bestraft werden und die moralische Verdammung seitens der Volksgemeinschaft erfahren.

Zur Erhöhung des Schutzes des sozialen Eigentums vor Kleindiebstählen wird bestimmt:

Art. 1 § 1. Wer in' einem sozialisierten Arbeitsbetrieb oder an einer anderen Stelle einen Kleindiebstahl an Sozialvermögen verübt,
— wird mit Gefängnis von 6 Monaten bis zu 1 Jahr bestraft.

§ 2. Wer eine in § 1 bezeichnete Straftat begeht, nachdem er zuvor schon für einen Kleindiebstahl oder eine sonstige Aneignung von Sozialvermögen verurteilt wurde,
— wird mit Gefängnis von 1 bis zu 2 Jahren bestraft.

Art. 2. Wer anläßlich seiner Dienststellung oder der von ihm ausgeübten Funktion für den Schutz, die Verwahrung oder Sicherung von Sozialvermögen verantwortlich ist und an diesem Vermögen einen Kleindiebstahl ausführt,
— wird mit Gefängnis von 1 bis zu 2 Jahren bestraft.

Art. 3. Als Kleindiebstahl von Sozialvermögen wird ein Diebstahl von Vermögenswerten unter 300 Zloty angesehen.

Art. 4. Die Bestimmungen des Art. 1 und 2 finden keine Anwendung in Fällen, in denen die Tat mit einer schwereren Strafe bedroht wird.

Art. 5. Das Gericht soll in einer Strafsache wegen eines Kleindiebstahls von Sozialvermögen spätestens binnen 14 Tagen seit Erhebung der Anklage entscheiden.

Art. 6. In Strafsachen wegen Kleindiebstählen an Sozialvermögen wird die bedingte Strafaussetzung nicht angewandt, es sei denn, daß das Gericht mit Rücksicht auf besondere, ausnahmsweise und begründete Umstände im Einzelfall die Strafaussetzung für zweckmäßig erachtet.

Art. 7. Die Ausführung des Dekrets wird dem Justizminister und dem Generalprokurator der Polnischen Volksrepublik übertragen.

Art. 8. Das Dekret tritt mit dem Tage seiner Verkündung in Kraft.

5.

Dekret vom 4. März 1953 über den Schutz der Konsumenteninteressen im Handelsumsatz

— DzURP 1953, Nr. 16, Pos. 64 —
— veröff. 19. 3. 1953 —

Zum Zweck des Schutzes der Interessen der breiten Massen der Werktätigen Volkspolens auf dem Gebiete des Handelsumsatzes wird nachfolgendes verkündet:

Art. 1 § 1. Wer mit Artikeln des allgemeinen Gebrauchs oder mit anderen Waren spekuliert, insbesondere indem er in Unternehmen oder anderen Einrichtungen des Einzelhandels Waren in der Absicht aufkauft, sie mit Gewinn weiterzuverkaufen, oder Waren des allgemeinen Bedarfs in der gleichen Absicht in offenbar übermäßigen Mengen verbirgt oder hortet, oder in einem Unternehmen für Waren, deren Preis nicht amtlich festgesetzt ist, Preise fordert, die einen Übergewinn einbringen oder durch andere Handlungen die er vorsätzlich zum Zweck der Spekulation ausführt, den Warenumsatz stört,
— wird mit Haft und Geldstrafe oder mit Gefängnis bis zu 5 Jahren und mit Geldstrafe bestraft.

§ 2. Wer die Spekulation in einem erheblichen Umfange betreibt oder erneut Spekulation begeht, nachdem er wegen eines in § 1 bezeichneten Deliktes bereits bestraft worden war,
— wird mit Gefängnis von 2 bis zu 10 Jahren und mit Geldstrafe bestraft.

§ 3. In den unter § 1 und § 2 genannten Fällen erkennt das Gericht auf Einziehung derjenigen Sachen, die den Gegenstand der Straftat bilden.

§ 4. In den Fällen des § 2 kann das Gericht ferner gleichzeitig auf Einziehung des ganzen Vermögens des Täters oder eines Teils desselben erkennen.

Art. 2 § 1. Wer beim Verkauf von Waren den Käufer hinsichtlich der Menge, des Gewichtes oder des Maßes betrügt oder sich beim Verkauf eines falschen Maßes oder Gewichtes bedient,
— wird mit Gefängnis bis zu 5 Jahren oder mit Haft bestraft.

§ 2. Ebenso wird bestraft, wer in einem Unternehmen des Einzelhandels den Käufer dadurch betrügt, daß er ihm eine minderwertige Ware als eine qualitativ bessere Ware zu einem höheren Preis verkauft, oder für eine Ware einen höheren, als den geltenden Preis fordert, indem er den geltenden Preis verheimlicht.

Art. 3. Wer sich gewerbsmäßig mit Dienstleistungen beschäftigt, und für solche einen höheren Preis, als den geltenden, fordert, oder eine Dienstleistung, zu der er verpflichtet ist, ohne triftigen Grund verweigert,

— wird mit Haft bis zu einem Jahr oder mit Geldstrafe bis zu 5000.— Zloty bestraft.

Art. 4. § 1. Wer unter Verletzung der für den Handelsumsatz geltenden Vorschriften die Interessen des Erwerbers schädigt,

— wird mit Haft bis zu einem Jahr oder mit Geldstrafe bis zu 5000.— Zloty bestraft.

§ 2. Die Bestimmung des § 1 findet keine Anwendung, wenn eine Sonderbestimmung für eine Straftat nur eine verwaltungsstrafrechtliche oder disziplinarische Verantwortlichkeit vorsieht.

§ 3. Die Bestimmung des § 1 findet keine Anwendung in Fällen, in denen durch die Straftat nur ein unwesentlicher Schaden entstanden ist.

Art. 5. § 1. Das Gericht kann im Falle einer Verurteilung für ein in diesem Dekret beschriebenes Delikt neben der Gefängnis- oder Arreststrafe auch eine Geldstrafe verhängen.

§ 2. Einem Täter gegenüber, der ein Privatunternehmen besitzt, kann das Gericht folgende Nebenstrafen zusätzlich anwenden:

a) Einziehung der Waren, die die Straftat betrifft;
b) Einziehung der Einrichtungen des Unternehmens, soweit sie im Eigentum des Täters stehen;
c) Schließung des Unternehmens und Entziehung der Handels- und Industriekonzessionen;
d) Entziehung des Rechtes auf Benutzung eines Geschäftslokales.

§ 3. Im Falle der Verurteilung für ein Delikt gem. Art. 1, § 2 kann das Gericht ein Verbot des Aufenthaltes innerhalb eines bestimmten Gebietes für die Dauer von 2 bis 5 Jahren verhängen.

Art. 6. Aufgehoben wird Art. 14 des Gesetzes vom 2. Juni 1947 über die Bekämpfung der Teuerung und der Übergewinne im Handelsumsatz (DzURP 1947 Nr. 43, Pos. 218).

Art. 7. Die Ausführung des Dekrets wird dem Minister der Justiz und dem Generalprokurator der Volksrepublik Polen übertragen.

Art. 8. Das Dekret tritt mit dem Tage seiner Veröffentlichung in Kraft.

6.

Dekret vom 4. März 1953 über die erhöhte Bekämpfung der qualitativ schlechten Erzeugung

— DzU 1953, 16, 63 —
— veröff.: 19. 3. 1953 —

Der vorsätzliche Umsatz, der Verkauf und die Gebrauchsüberlassung von qualitativ schlechten Industrieerzeugnissen stellt ein Delikt dar, welches die wirtschaftlichen und sozialen Interessen der Polnischen Volksrepublik in den Auswirkungen ebenso gefährdet, wie die Wirtschaftssabotage.

Zum Schutze der Interessen der Nationalwirtschaft und der werktätigen Bevölkerung und zur verschärften Bekämpfung der qualitativ schlechten Erzeugung wird nachfolgendes verkündet:

Art. 1 § 1. Wer als Leiter eines Produktionsbetriebes oder als Verantwortlicher für eine Produktionsabteilung oder für die technische Kontrolle der Produktion Industrieerzeugnisse in den Umsatz bringt, verkauft oder zum Verkauf oder zum Gebrauch bestimmt, deren Güte offensichtlich schlechter ist, als die durch die zuständigen Organe für derartige Erzeugnisse vorgesehene Qualität oder die sich zu dem Zweck, für den es bestimmt ist, nicht eignen,
— wird mit Gefängnis bis zu 5 Jahren oder mit Haft bestraft.

§ 2. Wer als Täter einer der in § 1 beschriebenen Straftat zugleich die Verteidigungsinteressen der Polnischen Volksrepublik oder ihre Interessen am Auslandshandel schädigt,
— wird mit Gefängnis von 2 bis zu 10 Jahren bestraft.

Art. 2. Die Ausführung des Dekrets wird dem Justizminister im Benehmen mit dem Generalprokurator der Polnischen Volksrepublik übertragen.

Art. 3. Das Dekret tritt mit dem Tage seiner Veröffentlichung in Kraft.

7.

Dekret vom 4. März 1953 über die Normen und das Polnische Normalisierungskomitee

— DzURP 1953, Nr. 15, Pos. 61 —
— veröff.: 16. 3. 1953 —

(Auszug)

Abschnitt I

Allgemeine Bestimmungen

Art. 1. Aufgabe der Normalisationstätigkeit ist die Sicherung des technischen Fortschritts, die Erweiterung der Produktionskapazität, die Vereinfachung und Vermehrung der Produktion bei einer Verbesserung ihrer Qualität, die Erreichung von Einsparungen an Materialien und Rohstoffen, die Erhöhung der Sicherheit, Hygiene und Ergiebigkeit der Arbeit, die Hebung der öffentlichen Gesundheit und die Erleichterung der gegenseitigen Wirtschaftsbeziehungen mit der Union der Sozialistischen Räterepubliken und den Ländern der Volksdemokratie.

Art. 2. Die Norm bestimmt bezüglich von sich wiederholenden Tätigkeiten in der Volkswirtschaft die entsprechendsten Eigenschaften, die Arbeitsgänge, technologischen Prozesse und Methoden der Untersuchungen und setzt einheitlich Begriffe und Bezeichnungen fest, die bei einer zweckvollen Durchführung der Normalisationsarbeit unerläßlich sind.

Art. 4 . . . pp . . .

Art. 5 . . . pp . . .

Abschnitt II

Die Normalisationstätigkeiten

Art. 6—16 . . . pp . . .

Abschnitt III

Das Polnische Normalisierungskomitee

Art. 17. Das Polnische Normalisierungskomitee, das gemäß dem Gesetz vom 20. Dezember 1949 über die Schaffung eines Polnischen Normalisierungskomitees (DzU Nr. 63, Pos. 493) gebildet wurde, wird in eine gleichnamige Behörde umgewandelt.

Art. 18 (1). Das Polnische Normalisierungskomitee, das in der Folge „Komitee“ genannt werden wird, ist ein zentrales Organ der Staatsverwaltung auf dem Gebiete der Normalisation.

(2) Das Komitee ist dem Vorsitzenden der Staatlichen Wirtschaftsplanungskommission unterstellt.

(3) An der Spitze des Komitees steht der Vorsitzende, der vom Vorsitzenden des Ministerrates auf Vorschlag des Vorsitzenden der Staatlichen Wirtschaftsplanungskommission ernannt und abberufen wird. Die Vertreter des Vorsitzenden der Komitees werden auf seinen Antrag durch den Vorsitzenden der Staatlichen Wirtschaftsplanungskommission ernannt und abberufen

Art. 19—26 . . . pp . . .

Abschnitt IV

Strafbestimmungen

Art. 27 1. Wer als Leiter eines Arbeitsbetriebes oder als Verantwortlicher für die Produktion oder die technische Kontrolle der Produktion handelnd, im Produktionsprozeß die verbindlichen Staatsnormen nicht zur Anwendung bringt, die Ausführung von Arbeiten gestattet, welche diesen Normen nicht entsprechen oder auf den Markt eine Produktion auswirft, welche den Normen nicht gerecht wird, oder wer die Bedingungen nicht erfüllt, die in Verbindung mit einer genehmigten Abweichung von der verbindlichen Staatsnorm aufgestellt wurden,

— wird mit Gefängnis bis zu 2 Jahren oder mit Haft bis zu 2 Jahren bestraft.

2. Eine in Art. 1 bezeichnete Person, die in den Handelsumsatz mit dem Ausland eine Produktion hineinbringt, die mit den geltenden Staatsnormen nicht übereinstimmt oder den besonderen Bedingungen, die in Verbindung mit einer genehmigten Abweichung von der verbindlichen Staatsnorm gestellt wurden, nicht entspricht,

— wird mit Gefängnis bis zu 3 Jahren bestraft.

3. Wer eine in Abs. 1 oder 2 genannte Tat fahrlässig begeht

— wird mit Haft bis zu 6 Monaten oder mit einer Geldstrafe bis zu 5000 Zloty bestraft.

Art. 28. Wer Normalisationszeichen den Bestimmungen zuwider verwendet,

— wird mit Haft bis zu einem Jahr oder mit Geldstrafe bis zu 10000 Zloty bestraft.

Abschnitt V

Schluß- und Übergangsbestimmungen

Art. 29—34 . . . pp . . .

Art. 35. Das Dekret tritt mit dem Tage seiner Verkündung in Kraft.

8.

Dekret vom 29. Oktober 1952 über die Bewirtschaftung von Artikeln des Handelsumsatzes und der Versorgung

— DzURP 1952, Nr. 44, Pos. 301 —

— veröff.: 12. 11. 1952 —

(Auszug)

Art. 1. 1. Unter Berücksichtigung der Bedürfnisse der Nationalwirtschaft oder anderer staatlicher Bedürfnisse können Bestimmungen zur Bewirtschaftung von Rohstoffen, Halb- und Fertigfabrikaten, Maschinen, technischen Einrichtungen, Tieren, Agrar- und Forsterzeugnissen sowie Rückprodukten[37]) — die im Nachfolgenden „Artikel" genannt sind — erlassen werden.

2. Die Bewirtschaftungsbestimmungen können im einzelnen regeln: die Produktion, die Verarbeitung, den Umsatz, die Verteilung, das Verfahren bei der Bevorratung, Einlagerung, den Einkauf, der Absatz, die Lese, den Besitz, die Sortierung, die Zeichnung, den Transport und den Verbrauch.

---

[37]) Wörtl. „surowce wtòrne". Dies sind gem. Art. 6 Produktionsabfälle, Bruch und Rückstände sowie Nebenprodukte bei der Schlachtung usw.

Art. 2—6 . . . pp . . .

Art. 7. Wer unter Verletzung von Bewirtschaftungsbestimmungen den Besitz eines Artikels nicht in der vorgeschriebenen Zeit anmeldet,

— wird mit Haft bis zu einem Jahr oder mit einer Geldstrafe oder mit beiden Strafen bestraft.

Art. 8. 1. Wer Artikel, die der Registrierungspflicht unterworfen sind, vernichtet, beschädigt oder in anderer Weise unbrauchbar macht oder verbirgt,

— wird mit Gefängnis bis zu 5 Jahren und mit Geldstrafe bestraft.

2. Wer fahrlässig handelt,

— wird mit Haft bis zu einem Jahr oder mit Geldstrafe bestraft.

Art. 9. 1. Wer den Bewirtschaftungsbestimmungen zuwider Artikel erwirbt, in den Umsatz bringt oder zum Zwecke der Einführung in den Umsatz verarbeitet, oder transportiert,

— wird mit Gefängnis bis zu 3 Jahren und mit Geldstrafe bestraft.

2. Ebenso wird bestraft, wer den Bewirtschaftungsbestimmungen zuwider einen Artikel ohne die hierfür erforderliche Erlaubnis oder den Bedingungen einer Erlaubnis, einer Zuweisung oder eines Verkaufes nicht entsprechend benutzt.

Art. 10. 1. Wer in einer anderen Weise, als in den Artikeln 7—9 vorgesehen, die Bestimmungen dieses Dekretes oder der auf seiner Grundlage erlassenen Vorschriften verletzt,

— wird mit Besserungsarbeit bis zu 3 Monaten oder mit Geldstrafe bis zu 3000 Zloty bestraft.

2. Die Ahndung erfolgt im verwaltungs-strafrechtlichen Verfahren.

Art. 11. 1. Im Falle der Verurteilung für ein in den Artikeln 7—9 bezeichnetes Delikt kann der Verfall des den Gegenstand des Deliktes bildenden Artikels angeordnet werden.

2. Der Verfall des Artikels kann auch im Falle der Verurteilung für eine in Art. 10 genannte Straftat verhängt werden.

Art. 12. Die Bestimmungen dieses Dekretes finden keine Anwendung in Sachen, die durch nachfolgende Vorschriften geregelt sind:

1. Gesetz vom 15. Februar 1952 über die Pflichtablieferung von Schlachtvieh (DzU Nr. 8, Pos. 46, Nr. 29, Pos. 195).
2. Dekret vom 24. April 1952 über die Pflichtablieferung von Milch (DzU Nr. 22, Pos. 142).
3. Gesetz vom 10. Juli 1952 über die Pflichtablieferung von Getreide (DzU Nr. 32, Pos. 214).
4. Dekret vom 28. August 1952 über die Pflichtablieferung von Kartoffeln. (DzU Nr. 37, Pos. 255).

Art. 13—15 . . . pp . . .

Art. 16. Das Dekret tritt am Tage seiner Verkündung in Kraft.

9.

Dekret vom 26. Oktober 1949 über den Schutz des Staats- und des Dienstgeheimnisses

— DzU 1949 Nr. 55, Pos. 437 —
— veröff.: 2. 11. 1949 —

Zur Vorbeugung gegen
— die Verbreitung von Nachrichten, deren Geheimhaltung dem Wohle Volkspolens dient,
— das Durchsickern derartiger Nachrichten in diejenigen Zentren, die Volkspolen gegenüber feindlich eingestellt sind,
— die Ausnützung solcher Nachrichten, zum Schaden Volks-Polens,
und auf Grund des Art. 8 des Verfassungsgesetzes vom 19. Februar 947 über die Verfassung und den Tätigkeitsbereich der Obersten Organe der Republik Polen und des Gesetzes vom 2. Juli 1949 über die Ermächtigung der Regierung zum Erlaß von Dekreten mit Gesetzeskraft (DzURP Nr. 41, Pos. 302) — beschließt der Ministerrat und bestätigt der Staatsrat das nachfolgende:

Abschnitt I

Art. 1. 1. Ein Staatsgeheimnis bilden alle Nachrichten, Urkunden und sonstigen Gegenstände, die rücksichtlich der Verteidigung, Sicherheit oder wichtiger wirtschaftlicher bzw. politischer Interessen des polnischen Staates oder verbündeter Staaten nur den hierzu befugten Personen zugänglich sein dürfen.

2. Der Ministerrat kann durch Beschluß eingehend den Umfang der Nachrichten, Urkunden oder anderer Gegenstände als Staatsgeheimnis bestimmen.

Art. 2. Ein Dienstgeheimnis bilden Nachrichten, Urkunden und sonstige Gegenstände, die im dienstlichen Interesse nur den hierzu befugten Personen zugänglich sein dürfen.

Abschnitt II

Strafbestimmungen

Art. 3. 1. Wer unbefugt Nachrichten, Urkunden und andere Gegenstände, die ein Staatsgeheimnis bilden, sammelt, verwahrt, übermittelt, offenbart oder bekannt gibt,
— wird mit Gefängnis bis zu 10 Jahren bestraft.

2. Ein Beamter, der eine Straftat gem. Abs. 1 in bezug auf Nachrichten, Urkunden oder andere Gegenstände begeht, zu denen er anläßlich seines Dienstes Zutritt hat
— wird mit Gefängnis bestraft.

3. Wer eine Straftat gem. Abs. 1 oder 2 fahrlässig begeht,
— wird mit Gefängnis bis zu 3 Jahren oder mit Haft bestraft.

Art. 4. 1. Wer unbefugt Nachrichten, Urkunden oder andere Gegenstände, die rücksichtlich der Verteidigung oder der Sicherheit des Staates ein Staatsgeheimnis bilden, sammelt, verwahrt, übermittelt, offenbart oder bekanntgibt,
— wird mit Gefängnis bestraft.

2. Ein Beamter, der eine Straftat gem. Abs. 1 in bezug auf Nachrichten, Urkunden, oder andere Gegenstände begeht, zu denen er anläßlich seines Dienstes Zutritt hat,
— wird mit Gefängnis nicht unter 3 Jahren bestraft.

3. Wer eine Straftat gem. Abs. 1 oder 2 fahrlässig begeht,
— wird mit Gefängnis bis zu 5 Jahren bestraft.

Art. 5. 1. Wer gegen eine behördliche Anordnung zum Schutze des Staatsgeheimnisses verstößt,
— wird mit Gefängnis bis zu 1 Jahr oder mit Haft bestraft.

2. Wenn ein Staatsgeheimnis in Verbindung mit einer Straftat gem. Abs. 1 verletzt wurde oder verletzt werden konnte,
— so wird der Täter mit Gefängnis bis zu 3 Jahren oder mit Haft bestraft.

3. Handelte der Täter gem. Abs. 2 fahrlässig,
— so beträgt die Strafe Gefängnis bis zu 1 Jahr oder Haft.

4. Ein Beamter, der eine Straftat gem. Abs. 1, 2 oder 3 anläßlich seiner Dienstausübung begeht,
— wird bestraft, indem das Gericht die für die Straftat an sich vorgesehene Höchststrafe um die Hälfte erhöht.

Art. 6. 1. Wer gegen behördliche Anordnungen zum Schutze des Staatsgeheimnisses rücksichtlich der Verteidigung oder Sicherheit des Landes verstößt,
— wird mit Gefängnis bis zu 3 Jahren oder mit Haft bestraft.

2. Wenn ein Staatsgeheimnis in Verbindung mit einer Straftat aus Abs. 1 verletzt wurde oder verletzt werden konnte,
— so wird der Täter mit Gefängnis bis zu 5 Jahren bestraft.

3. Wer eine Straftat gem. Abs. 2 fahrlässig begeht,
— wird mit Gefängnis oder mit Haft bis zu 2 Jahren bestraft.

4. Ein Beamter, der eine Straftat gem. Abs. 1, 2 oder 3 anläßlich seiner Dienstausübung begeht,
— wird bestraft, indem das Gericht die für die Straftat an sich vorgesehene Höchststrafe um die Hälfte erhöht.

Art. 7. 1. Ein Beamter, der es zuläßt, daß ihm anvertraute Urkunden oder andere Gegenstände, die ein Staatsgeheimnis bilden, abhandenkommen, wodurch ein Geheimnis offengelegt wird oder es werden könnte,
— wird mit Gefängnis bis zu 10 Jahren bestraft.

2. Wer die Straftat fahrlässig begeht,
— wird mit Gefängnis bis zu 3 Jahren oder mit Haft bestraft.

Art. 8. 1. Ein Beamter, der es zuläßt, daß ihm anvertraute Urkunden oder andere Gegenstände, die ein Staatsgeheimnis rücksichtlich der Verteidigung oder Sicherheit des Staates bilden, abhandenkommen, wodurch ein Geheimnis offengelegt wird oder es werden könnte,
— wird mit Gefängnis bestraft.

2. Wer die Straftat fahrlässig begeht,
— wird mit Gefängnis bis zu 5 Jahren bestraft.

Art. 9. 1. Wer unbefugt ein Dienstgeheimnis übermittelt, offenlegt oder verbreitet,
— wird mit Gefängnis bis zu 3 Jahren oder mit Haft bis zu 3 Jahren bestraft.

2. Ein Beamter, der eine Straftat aus Abs. 1 hinsichtlich eines Dienstgeheimnisses begeht, zu dem er anläßlich der Ausübung seines Dienstes Zutritt hatte,
— wird mit Gefängnis bis zu 5 Jahren bestraft.

3. Wer die Tat gem. Abs. 1 oder 2 fahrlässig begeht,
— wird mit Haft bis zu 2 Jahren bestraft.

Art. 10. 1. Ein Beamter, der die behördlichen Anordnungen zum Schutze des Dienstgeheimnisses verletzt,
— wird mit Haft bis zu 1 Jahr bestraft.

2. Wenn ein Dienstgeheimnis in Verbindung mit einer Straftat gem. Abs. 1 offengelegt wurde oder es werden konnte,
— so wird der Täter mit Gefängnis bis zu 3 Jahren oder mit Haft bis zu 3 Jahren bestraft.

3. Wer die Tat gem. Abs. 2 fahrlässig begeht,
— wird mit Haft bis zu 1 Jahr bestraft.

Art. 11. In leichteren Fällen kann das Gericht die Strafen außergewöhnlich mildern.

Art. 12. Der strafrechtlichen Verantwortlichkeit, die Beamten gegenüber vorgesehen ist, unterliegen — außer den in Art. 292 Strafkodex und in Art. 46 des Dekr. über die im Stadium des Wiederaufbaus des Staates besonders gefährlichen Delikte genannten Personen auch die Mitglieder der Kollegialkörperschaften mit öffentlich-rechtlichem Charakter, die Mitglieder der Nationalräte sowie die Angestellten und Mitglieder der kollegialen Körperschaften der Berufsverbände und der sozialen und politischen Organisationen.

Abschnitt III

Schlußbestimmungen

Art. 13. 1. In Strafsachen gem. Art. 3 bis 8 sind die Militärgerichte zuständig.

2. Die Militärgerichte verhängen die Gefängnisstrafe im Rahmen bis zu 15 Jahren.

3. Die Bestimmungen des Art. 54 Strafprozeßkodex und des Art. 55 des Dekr. über die im Stadium des Wiederaufbaus des Staates besonders gefährlichen Delikte, werden sinngemäß angewandt.

Art. 14. In Strafsachen gem. Art. 9 und 10 sind die Apellationsgerichte zuständig.

Art. 15. Die Obersten Staatsbehörden werden Anordnungen zum Schutze des Staatsgeheimnisses erlassen.

Art. 16. Mit dem Tage des Inkrafttretens dieses Dekrets werden die Artikel 289 des Strafkodex und Art. 159 und 160 des Militärstrafkodex außer Kraft gesetzt.

Art. 17 . . . pp (Ausführungsbestimmungen)

Art. 18. Das Dekret tritt nach Ablauf von 10 Tagen seit seiner Verkündung in Kraft.

10.

Gesetz vom 29. Dezember 1950 über den Schutz des Friedens

— DzU 1950, Nr. 58, Pos. 521 —
— veröff.: am 31. 12. 1950 —

Die Propaganda und die Vorbereitungen für einen neuen Krieg bilden die größte Bedrohung der friedlichen Solidarität der Völker und sind ein Verbrechen gegenüber der Heimat und der ganzen Menschheit. Indem hierdurch die Bestrebungen von Millionen Polen, die den Stockholmer Friedensappell unterschrieben haben, ausgedrückt werden,

— indem zugleich der unerschütterliche Wille des polnischen Volkes auf Fortsetzung eines friedlichen Aufbaus und seine Bereitschaft, seine Sicherheit, Souverenität und den Frieden zu verteidigen, manifestiert wird,

— und unter Übernahme der Beschlüsse des in Warschau stattgefundenen II. Weltkongresses der Friedenskämpfer,

— im gemeinsamen Wunsche, mit allen friedliebenden Völkern diejenigen Kräfte unschädlich zu machen, die den Ausbruch eines neuen Weltkrieges zu erreichen suchen,

beschließt der verfassungsgebende Sejm, was folgt:

Art. 1. Wer in Wort und Schrift, mittels der Presse, des Rundfunks, des Films oder in irgendeiner anderen Weise die Kriegspropaganda betreibt, begeht ein Verbrechen gegen den Frieden und
— wird mit Gefängnis bis zu 15 Jahren bestraft.

Art. 2. Ein Verbrechen gegen den Frieden begeht insbesondere, wer
— zum Kriege anstiftet oder aufruft,

— die durch die Stützpunkte der Kriegshetzer betriebene Propaganda zu verbreiten hilft,

— die Bewegung der Friedenskämpfer bekämpft oder verächtlich macht.

Art. 3. Bei der Verurteilung für eine in diesem Dekret genannte Straftat kann das Gericht nachfolgende Nebenstrafen verhängen: Verlust der öffentlichen Rechte und der bürgerlichen Ehrenrechte und Verfall des ganzen Vermögens oder eines Teils desselben.

Art. 4. Zur Rechtsprechung in Strafsachen gem. diesem Gesetz sind die Wojwodschaftsgerichte zuständig.

Art. 5. Die Ausführung des Gesetzes wird dem Justizminister übertragen.

Art. 6. Das Dekret tritt mit dem Tage seiner Verkündung in Kraft.

11.

Dekret vom 5. August 1949 über den Schutz der Freiheit des Gewissens und des Glaubensbekenntnisses

— DzU 1949, Nr. 45, Pos. 334 —
— veröff.: 6. 8. 1949 —

Art. 1. Die Republik Polen garantiert allen Bürgern die Freiheit des Gewissens und der Bekenntnisse.

Art. 2. Wer einen Bürger wegen seiner religiösen Zugehörigkeit und Überzeugung oder wegen seiner Bekenntnislosigkeit in seinen Rechten benachteiligt,
— wird mit Gefängnis bis zu 5 Jahren bestraft.

Art. 3. Wer in irgendeiner Weise eine andere Person zur Teilnahme an religiösen Handlungen oder Feierlichkeiten zwingt oder sie in der Teilnahme an solchen behindert,
— wird mit Gefängnis bis zu 5 Jahren bestraft.

Art. 4. Wer die Religionsfreiheit dadurch verletzt, daß er die Zulassung zur Teilnahme an religiösen Feierlichkeiten oder Handlungen wegen politischer, sozialer oder wissenschaftlicher Tätigkeiten oder Ansichten verweigert,
— wird mit Gefängnis bis zu 5 Jahren bestraft.

Art. 5. Wer das religiöse Empfinden beleidigt, indem er öffentlich einen Gegenstand der religiösen Verehrung oder einen zur Ausübung des religiösen Kultes bestimmten Ort verächtlich macht,
— wird mit Gefängnis bis zu 5 Jahren bestraft.

Art. 6. Wer öffentlich zu religiösen Streitigkeiten aufruft oder solche Auseinandersetzungen anerkennt,
— wird mit Gefängnis bis zu 5 Jahren bestraft.

Art. 7. § 1. Wer öffentlich eine Bevölkerungsgruppe oder eine Einzelperson wegen ihrer religiösen Zugehörigkeit oder Überzeugung oder wegen ihrer Religionslosigkeit beschimpft, verhöhnt oder verächtlich macht,
— wird mit Gefängnis bis zu 5 Jahren oder mit Haft bestraft.

§ 2. Die gleiche Strafe trifft denjenigen, der die körperliche Integrität einer Person wegen ihrer religiösen Zugehörigkeit oder Überzeugung oder wegen ihrer Bekenntnislosigkeit verletzt.

§ 3. Wer eine andere strafbare Handlung gegen eine Bevölkerungsgruppe oder eine Einzelperson wegen ihrer religiösen Zugehörigkeit oder Überzeugung oder ihrer Bekenntnislosigkeit begeht,
— wird mit Gefängnis bestraft.

§ 4. Ist eine in § 3 geschilderte Tat tödlich verlaufen oder hatte sie eine schwere Körperverletzung zur Folge oder wurde durch sie der normale Ablauf des öffentlichen Lebens gestört oder die öffentliche Sicherheit gefährdet,
— so wird der Täter mit Gefängnis nicht unter 3 Jahren oder mit lebenslänglichem Gefängnis oder mit dem Tode bestraft.

Art. 8. § 1. Wer die Freiheit des Gewissens und der Religion zu Zwecken mißbraucht, die der Verfassung der polnischen Republik zuwiderlaufen,
— wird mit Gefängnis bis zu 3 Jahren bestraft.

Art. 9. Wer unter Mißbrauch der Religionsfreiheit und in der Absicht, persönliche, materielle oder sonstige Vorteile zu erreichen, die menschliche Leichtgläubigkeit durch Verbreitung von falschen Nachrichten ausnützt oder dritte Personen durch betrügerische oder listige Handlungen irreführt,
— wird mit Gefängnis bestraft.

Art. 10. Wer sich an einem Komplott beteiligt, daß die Ausführung einer strafbaren Handlung gem. Art. 3—9 zum Ziele hat, oder wer vorsätzlich an einem Menschenauflauf teilnimmt, der mit vereinten Kräften eine derartige strafbare Handlung begeht,
— wird mit Gefängnis oder Haft bestraft.

Art. 11. Wer seinen Pflichten zuwider nichts zur Verhinderung einer strafbaren Handlung nach Art. 3—10 unternimmt,
— wird mit Gefängnis bis zu 5 Jahren oder mit Haft bestraft.

Art. 12. Wer in irgendeiner Weise zur Begehung der in Art. 2—11 bezeichneten Straftaten aufruft oder sie anerkennt,
— wird mit Gefängnis bestraft.

Art. 13. Im Falle der Verurteilung zu einer Gefängnisstrafe für ein in diesem Dekret vorgesehenes Delikt, kann das Gericht zugleich auf Verlust der öffentlichen Rechte und der bürgerlichen Ehrenrechte erkennen.

Art. 14. In Strafsachen betr. die in diesem Dekret beschriebenen Delikte sind die *Appellationsgerichte*[38]) zuständig.

Art. 15. Die Bestimmungen des Strafkodexes 1932 und des Dekrets vom 13. Juni 1946 über die im Stadium des Wiederaufbaus des Staates besonders gefährlichen Delikte (DzURP Nr. 30, Pos. 153) werden in dem durch dieses Dekret geregelten Umfange außer Kraft gesetzt.

Art. 16. Die Ausführung des Dekrets wird dem Justizminister übertragen.

Art. 17. Das Dekret tritt am Tage seiner Verkündung in Kraft.

12.

Gesetz vom 19. April 1950 über die Sicherung der Sozialistischen Arbeitsdisziplin

DzU 1950, Nr. 20, Pos. 168
— veröff.: 5. 5. 1950 —

Im Bewußtsein ihrer Rechte und Pflichten als Landeswirt gibt in Volkspolen die Arbeiterklasse der Arbeitsdisziplin einen neuen sozialistischen Inhalt. Die erdrückende Mehrheit der Arbeiter und geistig Schaffenden beweist ihr sozialistisches Verhältnis zur Arbeit und trägt zur Stärkung des Potentials der Volksheimat bei, indem sie gewissenhaft und mit Eifer arbeitet.

Es gibt aber Individuen die durch ihr Verhalten die Wirksamkeit der opferreichen Arbeit ihrer Genossen senken und auf eine weitere Entwicklung des Wohlstandes und der Kultur der arbeitenden Massen einen hemmenden Einfluß nehmen, indem sie die Arbeitsdisziplin verletzen. In der Erkenntnis der Tatsache, daß die Wahrung der sozialistischen Arbeitsdisziplin die unerläßliche Bedingung der Verwirklichung des Sechsjahresplanes ist, wird in Übereinstimmung mit den Interessen und Forderungen der Arbeiterklasse folgendes verfügt:

Art. 1. Jeder physische oder geistige Arbeiter ohne Rücksicht auf die von ihm eingenommene Stellung und die Art der ausgeführten Tätigkeit, der in einem sozialisierten Arbeitsbetrieb, einer Institution oder einer Behörde beschäftigt ist, muß für eine Verletzung der Arbeitsdisziplin durch unentschuldigt versäumte Arbeitstage auf Grund der Bestimmungen dieses Gesetzes zur Rechenschaft gezogen werden.

---

[38]) Jetzt: Wojewodschaftsgerichte.

Art. 2. Arbeitnehmer, die sich durch makellose Arbeitsdisziplin im Verlaufe von drei aufeinanderfolgenden Jahren auszeichnen, sind von der Leitung des Arbeitsbetriebes, der Institution oder der Behörde zu Staatsauszeichnungen und Belohnungen in Vorschlag zu bringen. Diese werden alljährlich vom Ministerrat für vorbildliche Arbeitsdisziplin festgesetzt.

Art. 3. Der Ministerrat wird die Fälle bestimmen[39]), in denen die Entschuldigung eines versäumten Arbeitstages erforderlich ist, ferner die Bedingungen und die Art der Entschuldigung der Abwesenheit.

Art. 4. 1. Als ein versäumter Arbeitstag versteht sich die Versäumung eines Arbeitstages, an dem der Arbeitsnehmer verpflichtet war, seine Arbeit im Arbeitsbetrieb, einer Institution oder Behörde auszuführen, ohne daß er hierfür einen entschuldigenden Anlaß hat.

2. Die Versäumung eines Teiles eines Arbeitstages, der einen bestimmten Zeitraum, welcher vom Ministerrat zu bezeichnen ist, überschreitet, gilt als Versäumung des ganzen Arbeitstages.

Art. 5. 1. Ordnungsstrafen für die Verletzung der Arbeitsdisziplin sind:

1. Verweis mit Verwarnung;
2. Kürzung des zustehenden Arbeitsentschädigung — für jeden unentschuldigt versäumten Tag — in Höhe der Durchschnittsentschädigung für ein oder zwei Arbeitstage,
3. Versetzung in eine geringer qualifizierte Arbeit für die Dauer von höchstens einem Monat.

2. Die Verhängung der Ordnungsstrafe ist in den Personalakten des Arbeitsnehmers zu vermerken.

Art. 6. 1. Ordnungsstrafen werden wie folgt zugemessen:

1. versäumt der Arbeitnehmer im Kalenderjahr einen Arbeitstag, so wird er mit Verweis und Verwarnung oder mit der Kürzung der ihm zustehenden Arbeitsentschädigung um den Betrag der ihm für einen Arbeitstag gebührenden durchschnittlichen Entschädigung bestraft;
2. versäumt der Arbeitnehmer in einem Kalenderjahr einen zweiten Arbeitstag, oder zwei Tage hintereinander, so wird er mit der Kürzung der ihm zustehenden Arbeitsentschädigung um den Betrag der ihm für einen Arbeitstag gebührenden durchschnittlichen Entschädigung für jeden versäumten Tag bestraft;
3. versäumt der Arbeitnehmer in einem Kalenderjahr einen dritten Arbeitstag oder drei Arbeitstage hintereinander, so wird er mit der Kürzung der ihm zustehenden Arbeitsentschädigung um den Betrag, der ihm für zwei Arbeitstage ge-

[39]) Vgl. Ministerratsbeschluß v. 5. 5. 1950 u. v. 31. 5. 1950 (Monitor Polski Nr. 51, Pos. 584 und Nr. 62, Pos. 719).

bührenden durchschnittlichen Entschädigung für jeden versäumten Tag oder mit der Versetzung in eine geringer qualifizierte Arbeit bestraft.

2. Die durchschnittliche tägliche Arbeitsentschädigung wird nach den Grundsätzen berechnet, die für die Bestimmung der Ansprüche für Urlaubstage gelten.

3. Ein Arbeitnehmer, der ständige Einkünfte (global, monatlich usw.) bezieht, verliert ferner in jedem Fall der unentschuldigten Arbeitssäumnis denjenigen Teil seiner Vergütung, der der Anzahl der versäumten Tage entspricht.

Art. 7. In Fällen der böswilligen und hartnäckigen Verletzung der Arbeitsdisziplin, insbesondere:

1. bei Versäumung von im Jahre vier oder mehr Arbeitstagen trotz erfolgter Verhängung von Ordnungsstrafen oder
2. bei einmaliger unentschuldigter Versäumung von vier oder mehr Arbeitstagen hintereinander

findet eine gerichtliche Bestrafung statt.

Art. 8. Eine gerichtliche Strafe bildet die Auferlegung der Verpflichtung auf dem bisherigen Arbeitsplatz für eine Frist von nicht länger als drei Monaten zu verbleiben unter gleichzeitiger Kürzung von 10 bis 20% der Arbeitsentschädigung.

2. Für die Rechtsprechung sind die *Burggerichte*[40]) zuständig.

Art. 9. In der Zeit der Verbüßung der Ordnungsstrafe der Ausführung einer geringer qualifizierten Arbeit (Art. 5, Ziff. 3) oder der Gerichtsstrafe der Verpflichtung, auf dem bisherigen Arbeitsplatz unter Kürzung der Bezüge zu verbleiben (Art. 8), wird das Recht des Arbeitsnehmers auf Kündigung des Arbeitsvertrages oder des öffentlich-rechtlichen Dienstverhältnisses ausgesetzt.

Art. 10. 1. Die Entscheidung darüber, ob eine Abwesenheit entschuldigt oder unentschuldigt ist, die Verhängung von Ordnungsstrafen sowie die Antragstellung auf Entscheidung der Sache durch das *Burggericht*[41]) trifft der Leiter des Arbeitsbetriebes, der Institution oder der Behörde; der Leiter entscheidet nach Anhörung der Stellungnahme des Arbeitnehmers und des Betriebsrates (des Delegaten) oder des Vertreters der Verwaltung der Betriebs-Verbandsorganisation.

2. Die in Abs. 1 genannte Entscheidung ist schriftlich binnen einer Woche seit dem ersten Tage der Abwesenheit des Arbeitsnehmers zu treffen; eine Abschrift der Entscheidung betr. die Verhängung der Ordnungsstrafe bzw. Abgabe an das Amtsgericht ist der Belegschaft in der üblichen Weise bekanntzugeben.

Art. 11. 1. Die Aktenvermerke betr. die Ordnungsstrafen (Art. 5) sind ohne Antrag des Arbeitnehmers nach einem Jahr unbeanstandeter Arbeit zu tilgen.

---

[40]) Jetzt: Kreisgerichte. [41]) Jetzt: Kreisgericht.

2. Die Verurteilung zu einer Gerichtsstrafe (Art. 8) ist nach einem Jahr unbeanstandeter Arbeit auf Antrag des Antragstellers im Strafregister zu tilgen.

3. Die Tatsache der unbeanstandeten Arbeitsleistung ist vom Leiter des Arbeitsbetriebes, der Institution oder des Amtes im Benehmen mit dem Betriebsrat (Delegaten) oder mit dem Vertreter der Verwaltung der Betriebs-Verbandsorganisation festzustellen.

Art. 12. 1. Der Leiter eines Arbeitsbetriebes, der vorsätzlich den Tatsachen zuwider:

1. die Abwesenheit eines Arbeitnehmers als entschuldigt anerkennt oder
2. entgegen der auf ihm lastenden Pflicht keine Ordnungsstrafe verhängt oder nicht den Antrag auf gerichtliche Entscheidung stellt —

— wird mit Haft bis zu drei Monaten oder mit Geldstrafe bis zu 4 500 Zloty oder mit beiden Strafen gemeinsam bestraft.

2. Die gleiche Strafe trifft denjenigen, der vorsätzlich wahrheitswidrig Umstände bestätigt, die die Abwesenheit von der Arbeit entschuldigen.

Art. 13. Wer in anderer Weise gegen die Bestimmungen dieses Gesetzes verstößt, insbesondere wer sich der Verbüßung der gem. Art. 8 verhängten Gerichtsstrafe entzieht,
— wird mit Haft bis zu sechs Monaten bestraft.

Art. 14. Einnahmen aus den Ordnungs-Geldstrafen werden für die Zwecke überlassen, die durch die geltenden Bestimmungen festgelegt sind.

Art. 15. In Strafsachen, die auf dem Gerichtswege verfolgt werden:

1. ersetzt der Antrag des Leiters des Betriebes, der Institution oder der Behörde die Anklageschrift;
2. ist die Entscheidung vom Burggericht spätestens binnen einer Woche seit Antragstellung zu fällen;
3. ist das Urteil mit Begründung unverzüglich schriftlich abzufassen;
4. beträgt die Frist *zur Einlegung der Revision* drei Tage und rechnet vom Tage *der schriftlichen Abfassung des Urteils mit Gründen*[42]);
5. ist die Entscheidung vom Revisionsgericht spätestens binnen zwei Wochen seit Verkündung des Urteils des *Burggerichtes* zu fällen.

---

[42]) Gem. Ges. v. 28. 4. 1952 über die Änderung einiger Bestimmungen des Strafverfahrens (DzU Nr. 25, Pos. 170) ist die Ankündigung der Revision und die Begründung derselben durch die Revisionseinlegung ersetzt worden. Danach ist anzunehmen, daß es auch im vorliegenden Fall um die Einlegung der Revision in einer Zeit seit der Urteilsverkündung geht.

Art. 16. Die Aufsicht über die Befolgung der Bestimmungen dieses Gesetzes durch die Arbeitsbetriebe, Institutionen und Behörden wird den Prokuratoren übertragen.

Art. 17. Das Verfahren in Strafsachen aus diesem Gesetz gegenüber von Zivilbeschäftigten der Militärverwaltung oder des Öffentlichen Sicherheitsdienstes wird vom Minister der Nationalen Verteidigung bzw. vom Minister für Öffentliche Sicherheit im Verordnungswege geregelt.

Art. 18. In Art. 43 der Verordnung des Präsidenten der Republik vom 16. März 1928 über den Arbeitsvertrag der Arbeiter (DzURP Nr. 35, Pos. 324) wird Ziffer 2 gestrichen und die Ziffern 3, 4 und 5 erhalten die fortlaufende Numerierung 2, 3 und 4.

Art. 19. Die Ausführung des Gesetzes wird dem Ministerpräsidenten und allen Ministern übertragen.

Art. 20. Das Gesetz tritt am Tage seiner Verkündung in Kraft.

13.

Gesetz vom 4. Februar 1950 über die Allgemeine Wehrpflicht

— DzU 1950, Nr. 6, Pos. 46 —
— veröff.: 28. 2. 1950 —

(Auszug)

Teil VIII

Strafbestimmungen

Art. 83. 1. Wer sich den aus diesem Gesetz ergebenden Verpflichtungen zuwider oder entgegen von Vorschriften, die auf Grund dieses Gesetzes erlassen sind, nicht zur rechten Zeit und am rechten Ort zur Registrierung oder Einziehung meldet oder die Urkunden nicht vorlegt, deren Vorlage durch die Behörden angeordnet wurde,
— wird mit Haft bis zu 3 Monaten und mit Geldstrafe bis zu 150 000 Zloty oder mit einer von diesen Strafen bestraft.

2. Wer sich zur Registrierung oder Einziehung in der Absicht nicht meldet, um sich der Wehrpflicht für längere Zeit oder für dauernd zu entziehen,
— wird mit Gefängnis bis zu 3 Jahren bestraft.

Art. 84. 1. Wer sich einer Heilbehandlung entzieht, die durch den regionalen militärischen Befehlshaber auf Antrag der Registrierungs- oder Einberufungskommission angeordnet wurde,
— wird mit Haft bis zu 3 Monaten und mit Geldstrafe bis zu 150 000 Zloty oder mit einer von diesen Strafen bestraft.

2. Wer in der Absicht handelt, sich der Wehrpflicht zu entziehen,
— wird mit Gefängnis bis zu 3 Jahren oder mit Haft bis zu 3 Jahren bestraft.

Art. 85. Wer in der Absicht, für sich oder eine andere Person eine Befreiung von der Wehrpflicht oder einen Ausstand oder eine Abkürzung der Wehrdienstzeit zu bewirken eine Beschädigung der Gesundheit selbst vornimmt oder zuläßt, daß ein Dritter eine solche Beschädigung bei ihm verursacht, oder die Gesundheitsschädigung bei einer anderen Person auslöst,
— wird mit Gefängnis bis zu 5 Jahren bestraft.

Art. 86. Wer betrügerische Manipulationen vornimmt, in der Absicht, für sich oder eine andere Person eine Befreiung von der Wehrpflicht, einen Ausstand oder eine Verkürzung des Militärdienstes zu erwirken,
— wird mit Gefängnis bis zu 5 Jahren bestraft.

Art. 87. Wer sich einer Schulung entzieht, die von der zuständigen Behörde zur Vorbereitung für den militärischen Hilfsdienst angeordnet wurde,
— wird mit Haft bis zu 3 Monaten und mit Geldstrafe bis zu 150 000 Zloty oder mit einer von diesen Strafen bestraft.

Art. 88. Wer die Annahme einer Mobilmachungskarte, eines Einberufungsscheins oder eines militärischen Personalausweises vernichtet, beiseiteschafft oder in sonstiger Weise verliert,
— wird mit Haft bis zu 3 Monaten und mit Geldstrafe bis zu 150 000 Zloty oder mit einer von diesen Strafen bestraft.

Art. 89. Wer eine fremde Mobilisationskarte, einen fremden Einberufungsschein oder einen militärischen Personalausweis benutzt oder solch eine Karte oder Urkunde einer anderen Person zu diesen Zwecken überläßt,
— wird mit Haft bis zu einem Jahr oder mit Geldstrafe bestraft.

Art. 90. Wer eine Mobilisationskarte, einen Einberufungsschein oder einen militärischen Personalausweis ins Ausland transportiert, schafft oder sendet,
— wird mit Gefängnis bis zu 3 Jahren oder mit Haft bis zu 3 Jahren bestraft.

Art. 91. 1. Wer ins Ausland reist oder sich dort ohne die erforderliche Genehmigung der Militärbehörden aufhält,
— wird mit Gefängnis bis zu 5 Jahren bestraft.

2. Wer dies in der Absicht ausführt, sich für längere Zeit oder für dauernd der Wehrpflicht zu entziehen,
— wird mit Gefängnis nicht unter 5 Jahren oder lebenslänglichem Gefängnis oder mit dem Tode bestraft.

Art. 92. 1. Wer, als polnischer Staatsangehöriger, sich ohne Genehmigung der zuständigen polnischen Behörde in ausländischem Militär oder einer fremden militärischen Organisation verpflichten läßt,

— wird mit Gefängnis nicht unter 5 Jahren oder mit lebenslänglichem Gefängnis oder mit dem Tode bestraft.

2. Ebenso wird bestraft, wer polnische Staatsangehörige oder sich in Polen aufhaltende Ausländer zum Dienst im fremden Militär oder in einer fremden militärischen Organisation anwirbt.

Art. 93. 1. Wer die sich aus den Artikeln 58, 67 oder 71 ergebenden Pflichten[44]) nicht erfüllt,

— wird mit Haft bis zu 3 Monaten und mit Geldstrafe bis zu 150 000 Zloty oder mit einer von diesen Strafen bestraft.

2. Wer die Straftat begeht, um sich für längere Zeit oder für dauernd der Wehrpflicht zu entziehen oder um es einer anderen Person zu erleichtern, sich für längere Zeit oder für dauernd der Wehrpflicht zu entziehen,

— wird mit Gefängnis bis zu 3 Jahren oder mit Haft bis zu 3 Jahren bestraft.

Art. 94. Wer während einer Mobilmachung oder eines Krieges:

1. sich nicht gemäß der Mobilmachungsanweisung oder den Befehlen der Militärbehörden zum Wehrdienst meldet,
2. sich im Auslande aufhaltend nicht unverzüglich seine Anschrift der nächsten Konsulatsbehörde mitteilt oder die von dieser Behörde erlassenen Anweisungen betr. die Erfüllung des Wehrdienstes nicht erfüllt,
3. gelegentlich eines Ausstandes seines Militärdienstes sich nicht unverzüglich in der regionalen Militärkommandantur meldet,

— wird mit Gefängnis nicht unter 5 Jahren oder mit lebenslänglichem Gefängnis oder mit dem Tode bestraft.

Art. 95. Wer die in den Artikeln 83 Abs. 2, 84 Abs. 2, 85, 86, 91 Abs. 1 und 93 Abs. 2 genannten Straftaten während der Mobilisation oder des Krieges begeht

— wird mit Gefängnis nicht unter 5 Jahren oder mit lebenslänglichem Gefängnis oder mit dem Tode bestraft.

Art. 96. Auf die Straftaten gem. Art. 83—95 finden die Bestimmungen des Art. 6 StK keine Anwendung.

Art. 97. Im Falle der Verurteilung zu einer Gefängnisstrafe aus Art. 83 Abs. 2, Art. 84 Abs. 2, Art. 85, 86, 91, 92, 93 Abs. 2, Art. 94 und Art. 95 spricht das Gericht zugleich die Entziehung der öffentlichen Rechte und der bürgerlichen Ehrenrechte und wenn der Mißbrauch eines Berufes vorliegt — ferner den Verlust der Berufsfähigkeit aus.

---

[44]) Art. 58: Meldepflicht; Art. 67: Meldepflicht der Frauen f. d. mil. Hilfsdienst; Art. 71: Kontrolle der Erfüllung der Meldepflicht durch Behörden, Ämter, Arbeitgeber pp.

Art. 98. Im Sinne dieser Strafbestimmungen gilt auch der militärische Transportdienst als Wehrdienst.

Art. 99. 1. Die Verjährung der Strafverfolgung und der Urteilsfindung in Strafsachen, betr. die Verletzung der Pflicht aus Art. 83 und 93 (ebenso bei Begehung derselben während der Mobilisation oder des Krieges) und aus Art. 94, läuft vom Tage der Anmeldung des Täters bei der zuständigen Behörde oder von dem Augenblick an, in welchem der Täter von der Pflicht befreit ist.

2. Die Verjährung der Strafverfolgung und der Urteilsfindung in Strafsachen aus Art. 83—95 ruht während des Auslandsaufenthaltes des Täters.

Art. 100. 1. Strafsachen aus Art. 94 und 95 sowie Straftaten, die während der Mobilmachung oder des Krieges gem. Art. 91 Abs. 2 und Art. 92 begangen wurden, gehören zur Zuständigkeit der Militärgerichte.

2. Übertretungssachen aus Art. 83 Abs. 1. Art. 84 Abs. 1, Art. 87, 88 und aus Art. 93 Abs. 1, gehören zur Zuständigkeit der *Kreisbehörden der allgemeinen Verwaltung*[45]).

II.
Gesetzgebungsakte, betr. die Strafzumessung und Strafvollstreckung

Seite

1.
Gesetz vom 31. Oktober 1951 über die bedingte vorzeitige Entlassung von Personen, die eine Freiheitsstrafe verbüßen

— DzURP 1951, Nr. 58, Pos. 399 —
— veröff.: am 13. 11. 1951 —

Art. 1. Ein Verurteilter, der eine Freiheitsstrafe verbüßt, kann bedingt von der Reststrafe befreit werden, falls seine Führung und seine gewissenhafte Arbeitsleistung, die von den Gefängnisbehörden

---

[45]) Jetzt: der Präsidien der Kreis-Nationalräte.

festzustellen sind, zu der Annahme Anlaß geben, daß er nach seiner Entlassung das Leben eines ehrlichen Berufstätigen führen wird.

Art. 2. Wenn der Verurteilte infolge seiner besonders gewissenhaften und ergiebigen Arbeit auffällt, so ist jeder Tag dieser Arbeit hinsichtlich der bedingten Entlassung für zwei zu berechnen; in diesem Falle ist der Verurteilte spätestens dann bedingt zu entlassen, wenn er noch eine Haftdauer vor sich hat, die der Zeit, in der er durch seine Arbeitsleistung aufgefallen ist, entspricht.

Art. 3. Die bedingte Entlassung kann in keinem Falle vor Verbüßung der Hälfte der Strafe erfolgen, im Falle der lebenslänglichen Verurteilung nicht eher als nach Verbüßung von zehn Jahren.

Art. 4. Auf die bereits verbüßte Zeit ist die Dauer der vorläufigen Haft anzurechnen, sofern diese vom Gericht auf die erkannte Strafe angerechnet worden ist.

Art. 5. Die bedingte Entlassung findet keine Anwendung auf Personen, die wegen Spionage, terroristischer Anschläge oder Sabotage verurteilt worden sind.

Art. 6. Im Falle der bedingten Entlassung stellt der noch zu verbüßende Strafrest eine Bewährungsfrist dar. Die Bewährungsfrist kann nicht kürzer als ein Jahr und nicht länger als fünf Jahre sein. Im Falle der bedingten Entlassung eines zu einer lebenslänglichen Freiheitsstrafe Verurteilten beträgt die Bewährungsfrist fünf Jahre.

Art. 7. Der Prokurator kann dem bedingt Entlassenen die Auflage machen, daß er den zuständigen Prokurator oder die durch diesen benannte Behörde von jedem Wohnungswechsel benachrichtigt.

Art. 8. Das Gericht kann die bedingte Entlassung widerrufen, wenn der Verurteilte während einer Bewährungsfrist eine neue Straftat begeht oder nicht das Leben eines ehrlichen Berufstätigen führt oder der ihm gemachten Auflage zur Anmeldung seines Wohnungswechsels nicht nachkommt.

Art. 9. Im Falle des Widerrufs der bedingten Entlassung wird die in Freiheit verbrachte Zeit nicht auf die Strafdauer angerechnet.

Art. 10. Die Freiheitsstrafe wird als verbüßt anerkannt, falls ein Widerruf der bedingten Entlassung nicht binnen drei Monaten nach Ablauf der Bewährungsfrist erfolgt.

Art. 11. 1. Die bedingte Entlassung von Personen, die zu einer Gefängnisstrafe bis zu einem Jahr verurteilt sind, wird vom *Generalprokurator der Republik Polen*[45]) veranlaßt, wobei dieser seine Befugnisse auf die ihm nachgeordneten Behörden übertragen kann.

2. Über die bedingte Entlassung von Personen, die zu einer Freiheitsstrafe von einer mehr als einjährigen Dauer verurteilt sind, entscheidet:

---

[45]) Jetzt: Generalprokurator der Polnischen Volksrepublik.

1. in Sachen von Personen, die durch die allgemeinen Gerichte verurteilt worden sind — das Wojewodschaftsgericht auf Antrag des Wojewodschafts-Prokurators.
2. in Sachen von Personen, die durch Militärgerichte verurteilt sind — das Militärgericht auf Antrag des Militär-Prokurators.

Art. 12. Über den Widerruf der bedingten Entlassung entscheidet

1. in Sachen von Personen, die zu einer Gefängnisstrafe bis zu einem Jahr verurteilt sind — das Kreisgericht auf Antrag des Kreis-Prokurators.
2. in Sachen von Personen, die zu einer längeren Freiheitsstrafe als einem Jahr verurteilt sind — das Wojewodschaftsgericht auf Antrag des Wojewodschafts-Prokurators.
3. in Sachen von Personen, die durch Militärgerichte verurteilt sind ohne Rücksicht auf das Strafmaß — das Militärgericht auf Antrag des Militär-Prokurators.

Art. 13. Der Prokurator kann die bedingte Entlassung auf Anregung seitens der Gefängnisbehörden, auf ein Gesuch des Verurteilten hin oder auch von Amts wegen anordnen oder beantragen.

Art. 14. Die Bestimmungen dieses Gesetzes werden entsprechend auf Soldaten angewandt, die die Strafe einer Überführung in eine Strafeinheit verbüßen.

Art. 15. Es treten außer Kraft:

1. Art. 65—68 des Strafkodexes 1932.
2. Art. 61—64 Militärstrafkodexes 1944.
3. Die VO des Präsidenten der Republik vom 19. Januar 1927 über die vorzeitige Entlassung von Personen, die eine Freiheitsstrafe verbüßen (DzU Nr. 5, Pos. 25).

Art. 16. Die Ausführung dieses Gesetzes wird den Ministern der Justiz, der Nationalverteidigung und der Öffentlichen Sicherheit sowie dem *Generalprokurator der Republik* übertragen.

Art. 17. Das Gesetz tritt mit dem Tage seiner Veröffentlichung in Kraft.

2.

Gesetz vom 22. Februar 1947 betr. Amnestie

— DzURP 1947, Nr. 20, Pos. 78 —
— veröff.: 25. 2. 1947 —

Art. 1. Zur Verewigung der Eröffnung des Verfassungsgebenden Sejms, der nach des Volkes Willen am 19. Januar 1947 gewählt worden ist und der Wahl des Präsidenten der Republik und ferner in der Absicht, allen Bürgern die Teilnahme am Aufbau des Demokratischen Volkspolens zu ermöglichen — wird allen Tätern und allen an Straftaten beteiligten Personen Amnestie gewährt, soweit die Straftaten im In- oder Auslande vor dem 5. Februar 1947 begangen wurden und die sonstigen Voraussetzungen dieses Gesetzes erfüllt sind.

Art. 2 § 1. Vergessen und verziehen werden:

1. Straftaten
   a) der Beteiligung an einer kriminellen Verbindung oder Verabredung.
   b) die im Rahmen der Tätigkeit einer solchen Verbindung oder Verabredung — durch ihre Mitglieder, Beteiligten oder Personen, die diese begünstigten — sofern der Täter der in Ziff. a) und b) genannten Straftaten seine kriminelle Tätigkeit freiwillig eingestellt und die Sicherheitsbehörden hiervon benachrichtigt hat oder binnen 2 Monaten nach Inkrafttreten dieses Gesetzes eine solche Erklärung vor einer aus Beauftragten der Sicherheitsbehörden und des Nationalrates zusammengesetzten Kommission abgeben wird.

2. Straftaten gem. Art. 4, 10 und 23 des Dekretes vom 13. Juni 1946 über die im Stadium des Wiederaufbaus des Staates besonders gefährlichen Delikte (DzURP Nr. 30, Pos. 192), falls der sich auf freiem Fuße befindliche Täter den Sicherheitsbehörden freiwillig diejenigen Gegenstände, deren Besitz den genannten Bestimmungen zufolge verboten ist, und solche Gegenstände und Geräte, die zur Begehung dieser Vergehen dienen, abgeliefert hat, oder falls er dies binnen 2 Monaten nach Inkrafttreten dieses Gesetzes gegenüber der in Ziff. 1 genannten Kommission tun wird;

3. Straftaten gem. Art. 115—120 des Polnischen Militärstrafkodexes, sofern der Täter, der sich auf freiem Fuße befindet, sich freiwillig der zuständigen Behörde zur Verfügung gestellt hat oder falls er dies binnen 2 Monaten ab Inkrafttreten dieses Gesetzes tut. Eine Person, die ein in Art. 118 § 3 Poln. MilStK. vorgesehenes Delikt begangen hat, muß ferner auch die in Ziff. 1 und 2 vorgesehenen Bedingungen erfüllen.

§ 2. Wer der Teilnahme an einer verbrecherischen Verbindung oder Verschwörung schuldig ist, oder eine zum Aufgabenbereich einer solchen Verbindung oder Verschwörung gehörende Straftat begangen hat und sich im Auslande aufhält, muß die in Ziff. 1 vorgesehenen Bedingungen vor einer Vertretung des Polnischen Staates im Auslande (Botschaft, Gesandtschaft, Konsulat, Militärmission) erfüllen und binnen einer von dieser Vertretung festzusetzenden Frist ins Land zurückkehren und im Laufe eines Monats seit der Rückkehr der Sicherheitsbehörde Beweise seiner Meldung bei der Vertretung vorlegen.

Art. 3. Vergessen und verziehen werden:

1. Vergehen gem. dem Dekret v. 13. Juni 1946 über die im Stadium des Wiederaufbaus des Staates besonders gefährlichen Delikte,

2. Vergehen gem. dem Poln. Militär-Strafkodex.,
3. andere Vergehen, die gesetzlich ohne Berücksichtigung der Nebenstrafen mit einer Freiheitsstrafe bis zu 2 Jahren oder mit Geldstrafen oder mit beiden Strafen zusammen bedroht werden,
4. Übertretungen,
5. Steuer- und Finanzvergehen, die gesetzlich mit einer Freiheitsstrafe bis zu 6 Monaten oder mit einer Geldstrafe bis zu **1500** Zloty oder mit beiden Strafen zusammen bedroht werden,
6. Finanzübertretungen.

Art. 4. In den Fällen gem. Art. 2 und 3 wird das Verfahren nicht eröffnet und ein bereits eröffnetes Verfahren wird eingestellt; noch nicht oder noch nicht ganz vollstreckte Strafen werden nicht vollstreckt, ferner werden der verhängte Verlust der öffentlichen Rechte undder bürgerlichen Ehrenrechte sowie die noch nicht beigetriebenen Kosten und Auflagen erlassen.

Jedoch werden rechtskräftige Entscheidungen insoweit vollstreckt, als sie die Einziehung des Vermögens oder von Gegenständen und Geräten des Verbrechens betreffen; ferner ist der Verfall von Gegenständen und Geräten des Verbrechens und des aus dem Verbrechen stammenden Vermögens sowie von solchem Vermögen auszusprechen, dessen Besitz verboten ist.

Art. 5 § 1. In Strafsachen, die in dem Dekret vom 13. Juni 1946 über die im Stadium des Wiederaufbaus des Staates besonders gefährlichen Delikte und im Poln. Militär-Straf-Kodex werden im Falle, daß die Bestimmungen des Art. 2 und Art. 3 Ziff. 1 und 2 nicht zum Zuge kommen,

1. erlassen:
   a) Geldstrafen und Freiheitsstrafen bis zu 5 Jahren,
   b) die Versetzung zu einer Strafabteilung, die als Grundstrafe verhängt wurde,
2. um die Hälfte ermäßigt Freiheitsstrafen zwischen 5 und 10 Jahren,
3. um ein Dritteil ermäßigt Freiheitsstrafen über 10 Jahren,
4. umgewandelt Todesstrafen und lebenslängliche Gefängnisstrafen in 15 Jahre Gefängnis.

§ 2. Die Grundsätze des § 1 finden auch dann Anwendung, wenn die Geld- und Freiheitsstrafe zusammen verhängt wurden.

Art. 6 § 1. In den in Art. 3 Ziff. 3 und in Art. 5 nicht genannten Strafsachen:

1. werden Geld- und Freiheitsstrafen bis zu 2 Jahren erlassen,
2. werden Freiheitsstrafen zwischen 2 und 6 Jahren um die Hälfte ermäßigt,
3. werden Freiheitsstrafen über 6 Jahre um ein Dritteil ermäßigt,
4. wird die Todesstrafe und die lebenslängliche Gefängnisstrafe in eine 15 jährige Gefängnisstrafe umgewandelt.

§ 2. Die in § 1 genannten Grundsätze sind auch dann anzuwenden, wenn die Geld- und Freiheitsstrafe zusammen verhängt wurden.

Art. 7 § 1. Bei Finanz- und Steuervergehen, die nicht in Art. 3 Ziff. 5 genannt werden:

1. werden die ganz oder teilweise noch nicht vollstreckten Geldstrafen bis zu **1500** Zloty und die Freiheitsstrafen bis zu 6 Monaten erlassen.
2. werden Geldstrafen über **1500** Zloty und Freiheitsstrafen über 6 Monaten um die Hälfte ermäßigt.

§ 2. Die Grundsätze des § 1 finden auch dann Anwendung, wenn die Geld- und Freiheitsstrafe zusammen verhängt worden sind.

§ 3. Die Bestimmungen der §§ 1 und 2 werden entsprechend auf Vergehen angewandt, die die Verletzung von Bestimmungen über öffentliche Abgaben betreffen, soweit diese von der Steuerordnung nicht umfaßt sind.

Art. 8 § 1. Personen, die in den Genuß der Amnestie auf Grund des Dekretes vom 2. August 1945 (DzURP Nr. 28, Pos. 172) gekommen sind, wird die derart ermäßigte Strafe zur Hälfte der in den Artikeln 5, 6 und 7 vorgesehenen Normen ermäßigt, wobei als Berechnungsgrundlage die schon ermäßigte Strafe dient. Die dergestalt ermäßigte Strafe kann indessen nicht schwerer sein als die Strafe, die bei der uneingeschränkten Anwendung der Bestimmungen der Artikel 5, 6 und 7 verbleiben würde, ohne daß die zuvorgegangene Amnestie berücksichtigt worden wäre.

§ 2. Auf die durch gesonderten Gnadenakt ermäßigte Strafe finden die Bestimmungen der Artikel 5 und 6 Anwendung, wobei von der ermäßigten Strafe auszugehen ist.

§ 3. Personen, denen gegenüber die Bestimmungen über Rückfalldelikte Anwendung finden (Art. 60 Strafkodex 1932 und Art. 53 § 1 Poln. Militär-Strafkodex), genießen eine Strafermäßigung zur Hälfte der in den Artikeln 5, 6 und 7 genannten Normen.

§ 4. Die Bestimmungen der Artikel 5 Ziff. 4 und Art. 6 Ziff. 4 finden sinngemäße Anwendung.

Art. 9. In besonderen Fällen, in denen eine Freiheitsstrafe verhängt worden ist, legt der Prokurator dem *Staatspräsidenten der Republik*[47]) den Antrag auf teilweise oder gänzliche Begnadigung vor, wobei er die Begleitumstände bei der Begehung der Straftat, den Zeitpunkt ihrer Begehung, die Persönlichkeit des Verurteilten, sein Alter und seine Führung nach erfolgter Verurteilung zu berücksichtigen hat.

---

[47]) Vgl. Art. 25 Abs. 1 Ziff. 10 der Verfassung der Polnischen Volksrepublik (DzURP 1952, Nr. 33, Pos. 232): diese Aufgabe ist nach Abschaffung des Präsidentenamtes auf das Präsidium des Staatsrates übergegangen.

Art. 10. § 1. Die Amnestie findet keine Anwendung auf nachf. Verbrechen:

1. gem. Art. 6, 7, 12 §§ 1 und 2 und Art. 39 des Dekretes vom 13. Juni 1946 über die im Stadium des Wiederaufbaus des Staates besonders gefährlichen Delikte,
2. gem. Art. 100 StK. 1932 und gem. Art. 85, 90, 91, 100, 104 und 185 Poln. Militärstrafkodex,
3. die in einer irgendwie gearteten Beziehung zu einem in Art. 85 Poln. Militärstrafkodex genannten Delikt stehen,
4. gem. Art. 290 Strafkodex 1932 und gem. Art. 149 Poln. Militärstrafkodex, falls sie später als am 9. Mai 1946 begangen worden sind,
5. gem. dem Dekret vom 12. Dezember 1944 über die Bekämpfung der Schwarzbrennerei (DzURP Nr. 15, Pos. 85), falls sie nach dem 9. Mai 1946 begangen wurden,
6. gem. Art. 11, 12 und 14 des Dekretes vom 25. Oktober 1944 über die Bekämpfung der Spekulation und des Kriegswuchers (DzURP Nr. 9, Pos. 49), abgeändert durch Dekret vom 20. November 1944 (DzURP Nr. 12, Pos. 63),
7. gem. dem Dekret vom 31. August 1944 über die Strafzumessung für faschistisch-hitlerische Verbrecher, die der Tötung und Mißhandlung von Zivilpersonen und Kriegsgefangenen schuldig sind sowie gegenüber den Verrätern des Polnischen Volkes (DzURP 1946, Nr. 69, Pos. 377),
8. gem. dem Dekret vom 28. Juni 1946 über die strafrechtliche Verantwortlichkeit für die Nationalitätsverleugnung während des Krieges 1939—1945 (DzURP Nr. 41, Pos. 237),
9. gem. Art. 1—3 und 6 des Dekretes vom 22. Januar 1946 über die Verantwortlichkeit für die Septemberniederlage und die Faschisierung des Staatslebens (DzURP Nr. 5, Pos. 46) sofern der Täter bei der Begehung der Straftat innerhalb der Staatsbehörden oberste Führungsstellen innegehabt hat, ferner auch die Delikte aus Art. 5 des genannten Dekretes.

§ 2. Nachfolgende Personen sind von der Amnestie ausgeschlossen:

1. die im Dienste der öffentlichen Sicherheit stehend die in den Abschnitten I und II des Dekretes vom 13. Juni 1946 über die im Stadium des Wiederaufbaus des Staates besonders gefährlichen Delikte oder die in den Artikeln 86—88 des Poln. Militärstafkodexes bezeichneten Delikte begangen haben,
2. die der strafrechtlichen Verantwortlichkeit unterliegen, die für Beamte vorgesehen ist (Art. 46 des Dekretes vom 13. Juni 1946 über die im Stadium des Wiederaufbaus des Staates besonders gefährlichen Delikte), falls sie nach dem 9. Mai 1946 ein Verbrechen zum Schaden des Staatsschatzes, einer Institution des öffentlichen Rechtes, einer Genossenschaft und eines Unter-

nehmens oder einer Organisation begangen haben, die in der oben zitierten Bestimmung bezeichnet wird und der entstandene Schaden 100 000 Zloty übersteigt[47]).

3. die die in Artikel 2 vorausgesetzten Bedingungen nicht erfüllt haben, sofern die in dieser Bestimmung bezeichnete Frist verstrichen ist,
4. die Berufs- oder Gewohnheitsverbrecher sind.

Art. 11 § 1. Das Gericht kann auf Antrag oder mit Zustimmung des Prokurators ein Verfahren nicht eröffnen, oder ein bereits eröffnetes Verfahren einstellen, wenn den Umständen nach eine solche Strafe zu verhängen wäre, die ihrer Höhe nach gem. Art. 5 oder 6 zu erlassen wäre.

§ 2. Falls den Umständen nach eine Freiheitsstrafe bis zu 10 Jahren zu verhängen wäre, kann der Oberste Gerichtshof (der Oberste Militärgerichtshof) in Ausnahmefällen auf Antrag des *Prokurators beim Obersten Gerichtshof*[48]) (des Obersten Militärprokurators) den Verzicht auf die Eröffnung oder die Einstellung des bereits eröffneten Verfahrens anordnen, wobei die Begleitumstände der Straftat, der Zeitpunkt ihrer Begehung, die Persönlichkeit des Angeklagten, sein Alter und seine Führung nach der Begehung des Deliktes zu berücksichtigen sind.

§ 3. Die Bestimmung des Art. 4 findet hinsichtlich der Einziehung sinngemäße Anwendung.

Art. 12 § 1. Die für die Rechtsprechung zuständigen Finanzbehörden können ein Verfahren nicht eröffnen oder ein bereits eröffnetes niederschlagen, falls den Umständen des Einzelfalles zufolge eine Strafe in einem solchen Ausmaß zu verhängen wäre, daß sie gem. Art. 7 zu erlassen wäre.

§ 2. Der Verzicht auf die Eröffnung oder die Einstellung eines Verfahrens bedarf der Genehmigung des *Schatzministers*[47]); diese Befugnis kann der *Schatzminister* auf die *Schatzbehörden*[49]) II. Instanz delegieren.

§ 3. Die Bestimmungen des Art. 4 bezügl. der Einziehung werden sinngemäß angewandt.

Art. 13. In Sachen, die auf eine Privatklage oder auf Antrag verfolgt werden, kann die Unterlassung oder Einstellung des Verfahrens nur dann erfolgen, wenn der Privatkläger oder der Antragsberechtigte nicht binnen eines Monats seit Inkrafttreten dieses Gesetzes die Erklärung abgibt, daß er die Durchführung des Verfahrens verlange.

---

[47]) Beziffert nach der im Zeitpunkt des Erlasses der Amnestie geltenden Valuta.

[48]) Änderungen ergeben sich gem. Art. 7 i. Verb. m. Art. 18 Abs. 1 d. Ges. v. 20. 7. 1950 über die Prokuratur der Polnischen Republik. (DzU Nr. 38, Pos. 346).

[49]) Jetzt: Finanzminister.

Art. 14 § 1. Bei einer Konkurrenz von Straftaten, die der Amnestie unterliegen, wendet das Gericht die Amnestie auf die Strafen an, die für die konkurrierenden Straftaten verhängt werden, wonach er eine Gesamtstrafe nach den allgemeinen Bestimmungen bildet.

§ 2. Bei einer Konkurrenz einer Straftat, die der Amnestie unterliegt, mit einer solchen, die von der Amnestie nicht mit umfaßt wird — kann die bei Berücksichtigung der Konkurrenz oder die Gesamtstrafe gem. den Grundsätzen der Art. 5, 6, oder 7 gemildert werden unter der Voraussetzung, daß die alsdann zu verbüßende Strafe nicht geringer ist, als die Strafe für das der Amnestie nicht unterliegende Delikt.

Art. 15. Die Einstellung des Verfahrens gem. den Bestimmungen dieses Gesetzes ist aufzuheben, sofern derjenige, gegen den das Verfahren in die Wege geleitet worden ist, binnen eines Monats seit seiner Benachrichtigung von der Einstellung die Durchführung des Verfahrens fordert.

Art. 16. Die Bestimmungen dieses Gesetzes finden entsprechende Anwendung auf Straftaten, die nach früheren Vorschriften zu beurteilen sind.

Art. 17 § 1. Die Amnestie wird von derjenigen Behörde ausgeführt, vor der das Verfahren läuft, oder auch von derjenigen Behörde, welche die Vollstreckung der Entscheidung durchzuführen hat, sofern die Amnestie nicht bereits im Urteil berücksichtigt worden ist.

§ 2. In den Sachen gem. Art. 3 Ziff. 5 wird die Amnestie ferner von der zuständigen *Schatzbehörde* vollzogen.

§ 3. Im Falle des Art. 14 wird die Amnestie durch einen Beschluß des zuständigen Gerichtes gemäß den allgemeinen Grundsätzen vollzogen, falls sie nicht bereits bei der Urteilsfindung Berücksichtigung gefunden hat.

Art. 18. § 1. Gegen Beschlüsse und Anordnungen in Fragen der Handhabung der Bestimmungen dieses Gesetzes ist die Beschwerde an die unmittelbar höhere nächste Instanz gegeben.

§ 2. Im Verfahren vor den Verwaltungsbehörden wird § 1 entsprechend angewandt, wobei die Beschwerden endgültig von der unmittelbar vorgesetzten Instanz der die Vollstreckung der Entscheidung durchführenden Behörde entschieden werden.

Art. 19. Sofern eine Person, die in den Genuß der Amnestie gem. Art. 2 gekommen ist, binnen zwei Jahren seit Inkrafttreten dieses Gesetzes eine neue gleichartige Straftat begeht — dann muß das Gericht bei der Bemessung der Strafe für die neue Straftat mindestens eine Verdoppelung der gesetzlichen Mindeststrafe für das betreffende Delikt vornehmen, wobei allerdings der Strafrahmen für die bestimmte Strafart nicht überschritten werden darf.

Art. 20. Bei der Einstellung des Verfahrens auf Grund der Bestimmungen dieses Gesetzes werden die Verfahrenskosten getragen:

1. in Strafsachen, die von Amts wegen betrieben werden — der Staatsschatz, mit Ausnahme der in Art. 587 Ziff. h)[50]) des Strafprozeßkodexes vorgesehenen Kosten;
2. in Privatklagesachen — jede Partei und der Staatsschatz im Rahmen der eigenen Auslagen; Vorschüsse werden in der nach Abzug der Verfahrenskosten verbleibenden Quote erstattet.

Art. 21. Die Ausführung dieses Gesetzes wird den Ministern für Justiz, für Nationalverteidigung, für Öffentliche Sicherheit, für den *Schatz*[51]), für *Öffentliche Verwaltung*, für die *Wiedergewonnenen Gebiete*[52]),[53]) und für Auswärtige Angelegenheiten übertragen — jedem in seinem Zuständigkeitsbereich.

Art. 22. Dieses Gesetz tritt mit dem Tage seiner Verkündung in Kraft.

3.

Gesetz vom 22. November 1952 betr. Amnestie

— DzURP 1952, Nr. 46, Pos. 309 —
— veröff.: 1. 12. 1952 —

Zur Verewigung der am 22. Juli 1952 erfolgten Verabschiedung der Verfassung der Polnischen Volksrepublik beschließt der Sejm auf Grund dieses in der Geschichte des Volkes denkwürdigen Ereignisses, nachfolgendes:

Art. 1. Täter und Teilnehmer an Straftaten, die vor dem 20. November 1952 begangen wurden, werden im Rahmen der Bestimmungen dieses Gesetzes amnestiert.

Art. 2 1. Vergessen und verziehen werden:

1. Straftaten, für die ohne Berücksichtigung der Nebenstrafen eine Freiheitsstrafe bis zu einem Jahr oder eine Geldstrafe oder beide Strafen zusammen vorgesehen sind,
2. Übertretungen, die entweder im Verwaltungsstrafverfahren oder gerichtlich zu bestrafen sind,
3. Schatz-Vergehen, die gesetzlich mit einer Freiheitsstrafe bis zu einem Jahr oder mit einer Geldstrafe bis zu 2000 Zloty oder mit beiden Strafen zusammen bedroht werden,
4. Schatz-Übertretungen,

---

[50]) Jetzt: Finanzbehörden.

[51]) Gegenwärtig: Art. 448h StPK.

[52]) Jetzt: Finanzminister.

[53]) Inzwischen sind diese Ministerien aufgehoben. Ihr Zuständigkeitsbereich ist vom Minister für Kommunalwirtschaft, Min. Öff. Sicherheit, Landwirtschaftsminister u. a. bzw. auch von dem Amt für Kultus, das dem Ministerratsvorsitzenden unmittelbar unterstellt ist, übernommen worden.

5. Verletzungen der Arbeitsdisziplin, für die das Gesetz vom 19. April 1950 über die Sicherung der sozialistischen Arbeitsdisziplin (DzU Nr. 20, Pos. 168) Ordnungsstrafen in Form der Kürzung der Löhnung oder gerichtliche Bestrafung vorsieht.

2. Die Bestimmung des Abs. 1, Ziff. 2 werden auf die in Art. 23 d. Ges. v. 15. Februar 1952 über die Pflichtablieferung von Schlachtvieh (DzU Nr. 8, Pos. 46), Art. 21 des Dekrets v. 24. April 1952 über die Pflichtablieferung von Milch (DzU Nr. 22, Pos. 142), Art. 28 des Ges. v. 10. Juli 1952 über die Pflichtablieferung von Getreide (DzUR Nr. 32, Pos. 21, 214) und Art. 40 des Dekr. v. 28. August 1952 über die Pflichtablieferung von Kartoffeln (DzU Nr. 37, Pos. 255) unter der Voraussetzung angewandt, daß die Person, die eine solche Straftat begangen hat, bis zum 31. Dezember 1952 die auf ihr lastende Ablieferungspflicht erfüllt, für deren Nichterfüllung sie zur Rechenschaft gezogen worden ist.

Art. 3 1. In den Fällen des Art. 2 werden Verfahren nicht eröffnet und die bereits eröffneten Verfahren werden eingestellt, die noch nicht oder noch nicht vollständig vollstreckten Strafen werden nicht vollstreckt und die nicht eingezogenen Kosten und Auflagen erlassen.

2. Rechtskräftige Entscheidungen bezüglich der Einziehung der bei der Begehung der Straftat benutzten Geräte, des durch eine Straftat erworbenen Vermögens oder des Vermögens, dessen Besitz verboten ist, werden vollstreckt; wenn das Verfahren eingestellt wurde, kann das die Amnestie ausführende Organ die Einziehung der bei der Begehung der Straftat benutzten Geräte, des durch die Straftat erworbenen Vermögens oder des Vermögens, dessen Besitz verboten ist, anordnen.

Art. 4 1. In Sachen der in Art. 2 Abs. 1 Ziff. 1 nicht aufgeführten Straftaten:

1. wird erlassen:
   a) eine Freiheitsstrafe bis zu einem Jahr und eine Geldstrafe bis zu 2000 Zloty.
   b) eine Strafe der Versetzung zur Strafabteilung,
2. wird ermäßigt:
   a) um die Hälfte — eine Freiheitsstrafe von einem bis zu drei Jahren sowie eine Geldstrafe über 2000 Zloty,
   b) um $^1/_3$ — eine Freiheitsstrafe über 3 Jahren,
3. wird umgewandelt:
   a) die Todesstrafe — in eine 15 jährige Gefängnisstrafe,
   b) die lebenslängliche Gefängnisstrafe — in eine 12 jährige Gefängnisstrafe.

2. Im Falle des Erlasses oder der Milderung einer Freiheitsstrafe wird die als Nebenstrafe verhängte Einziehung des Vermögens nicht vollstreckt.

3. Personen, die im Zeitpunkt der Begehung der Straftat das 18. Lebensjahr noch nicht beendet hatten:

1. wird eine verhängte Freiheitsstrafe bis zu 3 Jahren erlassen,
2. wird eine verhängte Freiheitsstrafe über 3 Jahre um die Hälfte ermäßigt.

Art. 5. In Sachen von Schatzvergehen, die nicht in Art. 2 Abs. 1, Ziff. 3 genannt sind,

1. wird eine verhängte Geldstrafe bis zu 2000 Zloty und eine Freiheitsstrafe bis zu einem Jahr erlassen,
2. wird eine verhängte Geldstrafe über 2000 Zloty und eine Freiheitsstrafe über 1 Jahr um die Hälfte ermäßigt.

Art. 6. 1. In Strafsachen für Delikte, die gesetzlich unabhängig von anderen Strafen mit einer Freiheitsstrafe von längerer Dauer als einem Jahr bedroht werden, kann das Gericht auf Antrag oder mit Zustimmung des Prokurators, unter Berücksichtigung der Begleitumstände der Tat und der Führung des Angeklagten nach der Tat das Verfahren einstellen, falls eine solche Strafe zu verhängen wäre, die gem. den Bestimmungen des Art. 4 zu erlassen wäre.

Falls in der Sache noch keine Anklage erhoben worden ist, wird der Einstellungsbeschluß auf Antrag des Prokurators vom Wojewodschaftsgericht (zuständigen Militärgericht) erlassen.

2. Falls in den in Abs. 1 genannten Verfahren den Umständen nach eine Freiheitsstrafe bis zu 5 Jahren zu verhängen wäre, kann der Oberste Gerichtshof (das Oberste Militärgericht) in Sonderfällen auf Antrag des Generalprokurators der Polnischen Volksrepublik das Verfahren einstellen, wobei er die Begleitumstände der Straftat und die Führung des Angeklagten nach der Begehung der Straftat zu berücksichtigen hat.

3. Die Bestimmungen des Art. 3 werden insoweit entsprechend angewandt, als sie die Einziehung betreffen.

Art. 7. In Strafsachen wegen Schatzvergehen wenden die für die Rechtsprechung zuständigen Organe die Bestimmungen des Art. 6 sinngemäß an.

Art. 8. Auf Strafen, die durch gesonderten Gnadenakt ermäßigt worden sind, werden die Bestimmungen der Artikel 4 und 5 angewandt, indem die ermäßigte Strafe als Ausgangspunkt zu dienen hat.

Art. 9. 1. Die Amnestie findet keine Anwendung auf Personen, die eine in nachfolgenden Bestimmungen bezeichnete Straftat begangen haben:

1. in Art. 1, 3, 5, 6, 7, 13 des Dekrets vom 13. Juni 1946 über die im Stadium des Wiederaufbaus des Staates besonders gefährlichen Delikte,
2. in Art. 90 des Polnischen Militärstrafkodex,
3. in Art. 1 oder 4 des Dekretes vom 31. August 1944 über die Strafzumessung für faschistisch-hitlerische Verbrecher, die der Tötung und Mißhandlung von Zivilpersonen und Kriegsge-

fangenen schuldig sind und gegenüber von Verrätern des Polnischen Volkes (DzU 1946, Nr. 69, Pos. 377, 1947, Nr. 65, Pos. 390, 1948, Nr. 18, Pos. 124 und 1949 Nr. 32, Pos. 238),

4. im Dekret vom 22. Januar 1946 über die Verantwortlichkeit für die Septemberniederlage und die Faschisierung des Staatslebens (DzU Nr. 5, Pos. 46).

2. Die Amnestie findet keine Anwendung gegenüber nachfolgenden Straftaten:

1. die binnen 5 Jahren nach Verbüßung einer Strafe für ein gleichartiges oder aus den gleichen Motiven begangenes Delikt begangen wurden; dies betrifft indessen nicht Personen, die auf Grund der Bestimmung des Art. 13 des Gesetzes vom 19. April 1950 über die Sicherung der Sozialistischen Arbeitsdisziplin verurteilt worden sind,
2. die aus Gewinnsucht zum Schaden der Nationalwirtschaft begangen wurden und in der Aneignung oder Besitzergreifung von Sozialvermögen im Werte von über 20000 Zloty bestehen.

3. Nicht erlassen oder ermäßigt werden solche Strafen, die auf Grund der Bestimmungen des Dekretes vom 2. August 1945 über die Amnestie (DzU Nr. 28, Pos. 172) oder des Amnestiegesetzes vom 22. Februar 1947 (DzU Nr. 20, Pos. 78) ermäßigt worden sind.

Art. 10. 1. Gegenüber von Personen, die für Straftaten gem. Art. 14, 15, 16 des Dekr. vom 13. Juni 1946 über die im Stadium des Wiederaufbaus des Staates besonders gefährlicher Delikte oder gem. Art. 85 bzw. 86 des Polnischen Militärstrafkodex verurteilt worden sind — kann das Wojewodschaftsgericht (das zuständige Militärgericht) auf Antrag des Prokurators die Amnestie im Sinne der in diesem Gesetz enthaltenen Grundsätze zur Anwendung bringen, sofern diese Person nicht zu den Begründern einer Verbindung gehört, in ihr keine leitende Stellung eingenommen und an Terrorakten nicht teilgenommen hat.

2. Gegenüber von Personen, die für eine in Art. 2 des Dekr. vom 31. August 1944 über die Strafzumessung für faschistisch-hitlerische Verbrecher die der Tötung und Mißhandlung von Zivilpersonen und Kriegsgefangenen schuldig sind und gegenüber Verrätern des Polnischen Volkes — bezeichnete Straftat verurteilt worden sind, kann das Wojewodschaftsgericht (das zuständige Militärgericht) auf Antrag des Prokurators die Amnestie im Sinne der in diesem Gesetz enthaltenen Grundsätze zur Anwendung bringen, sofern diese Personen keinen mit den Behörden des Hitlerstaates kollaborierenden Verbänden angehört haben.

Art. 11. 1. Die in Art. 9 vorgesehene Unanwendbarkeit der Amnestie und die sich aus Art. 10 ergebenden Einschränkungen betreffen nicht solche Personen, die bei Begehung der Straftat das 18. Lebensjahr noch nicht vollendet hatten.

2. Die Bestimmungen des Abs. 1 finden keine Anwendung gegenüber solchen Personen, die an einem Terrorakt teilgenommen haben, wie er in Art. 1, § 3 des Dekretes vom 13. Juni 1946 über die im Stadium des Wiederaufbaus des Staates besonders gefährlichen Delikte beschrieben wird oder eine Straftat nach Art. 3 des genannten Dekretes begangen haben.

Art. 12. Bei der Ausführung der Bestimmungen des Gesetzes über den Erlaß oder die Milderung von Geldstrafen — werden bereits ganz oder teilweise eingezogene Geldstrafen nicht erstattet.

Art. 13. 1. Bei der Konkurrenz von der Amnestie unterliegenden Straftaten ist die Amnestie auf die Strafe für die konkurrierenden Delikte anzuwenden. In Fällen, in denen eine Gesamtstrafenbildung erforderlich ist, findet das Gericht diese auf Grund der allgemeinen Bestimmungen.

2. In Fällen, in denen ein der Amnestie unterliegendes Delikt mit einer der Amnestie nicht unterliegenden Straftat konkurriert — kann die erkannte Gesamtstrafe nach den Grundsätzen der Artikel 4 und 5 mit der Einschränkung ermäßigt werden, daß die derart ermäßigte Strafe nicht geringer sein darf, als die für das der Amnestie nicht unterworfene Delikt verhängte Strafe beträgt.

Art. 14. Die Einstellung eines Verfahrens ist rückgängig zu machen, falls die Person, gegen die das Verfahren eingeleitet worden ist, binnen einer Frist von einem Monat seit ihrer Benachrichtigung von der Einstellung erklärt, daß sie die Durchführung des Verfahrens wünsche.

Art. 15. Die Bestimmungen dieses Gesetzes finden sinngemäße Anwendung auf solche Straftaten, die nach früheren Vorschriften beurteilt worden sind.

Art. 16. 1. Die Amnestie wird von dem Organ vollzogen, vor welchem das Verfahren läuft, oder von dem Organ, das die Vollstreckung eines Spruches ausführt, falls sie nicht bereits beim Erlaß des Spruches Berücksichtigung gefunden hatte.

2. In Schatzvergehenssachen — wird die Amnestie durch das Organ vollzogen, das zur Rechtsprechung in dieser Sache zuständig ist.

Art. 17. 1. Gegen einen Beschluß oder eine Anordnung bezüglich der Ausführung der Bestimmungen des Gesetzes ist die Beschwerde an die unmittelbar nächsthöhere Instanz gegeben.

2. In den Verfahren vor den Organen der Staatsverwaltung wird Abs. 1 sinngemäß angewandt, wobei über die Beschwerde die nächsthöhere Instanz desjenigen Organs, welches die Vollstreckung des Spruches verfügt, endgültig entscheidet.

Art. 18. Wenn eine Person, die in den Genuß der Amnestie gekommen ist, binnen 2 Jahren seit Inkrafttreten des Gesetzes eine neue Straftat aus den gleichen Motiven oder in der gleichen Art begeht, dann gelangt die ganz oder teilweise erlassene Strafe zur Ausführung, während ein Verfahren, auf dessen Eröffnung verzichtet oder das eingestellt worden ist, der Wiederaufnahme unterliegt und zwar unabhängig von dem neuen Strafverfahren.

Art. 19. Im Falle der Einstellung eines Verfahrens sind Kostenträger:

1. in Strafsachen, die von Amts wegen betrieben werden — der Staatsschatz mit Ausnahme der in Art. 448, Ziff. h) des Strafprozeßkodex genannten Kosten,
2. in Privatklagesachen — jede Partei und der Staatsschatz im Rahmen der von sich verauslagten Beträge; Vorschüsse werden in der nach Abzug der Verfahrenskosten verbleibenden Quote erstattet.

Art. 20. Bezüglich derjenigen Personen, die in den Genuß der Amnestie gem. den Bestimmungen dieses Gesetzes kommen, hat das die Amnestie erfüllende Organ einen Beschluß über die Ausführung der Amnestie in nachfolgenden Fristen zu erlassen, wobei die Fristen vom Tage des Inkrafttretens des Gesetzes zu berechnen sind:

1. binnen eines Monats — bezüglich von Personen, deren Strafe gem. Art. 2, Art. 4 Abs. 1 Ziff. 1 Buchst. a) und b), Art. 4 Abs. 3 Ziff. 1 oder Art. 5 Ziff. 1 erlassen oder im Sinne des Art. 4 Abs. 1 Ziff. 3 umgewandelt wird,
2. binnen 3 Monaten — bezüglich von Personen, deren Strafe gem. Art. 4 Abs. 1 Ziff. 2 Buchst. a), Art. 4 Abs. 3 Ziff. 2 oder Art, 5 Ziff. 2 ermäßigt wird,
3. binnen 6 Monaten — bezüglich von Personen, deren Strafe gem. Art. 4 Abs. 1 Ziff. 2 Buchst. b) ermäßigt wird.

Art. 21. Die Ausführung dieses Gesetzes wird übertragen den Vorsitzenden des Ministerrates. den Ministern: für Justiz, für Nationalverteidigung, für Öffentliche Sicherheit, für Finanzen und für Außenhandel — jedem in seinem Zuständigkeitsbereich — sowie dem Generalprokurator der Polnischen Volksrepublik.

Art. 22. Das Gesetz tritt mit dem Tage seiner Verkündung in Kraft.

4.

Dekret vom 16. November 1945 über das standrechtliche Verfahren

— DzURP 1945, Nr. 53, Pos. 301 —
einheitlicher Wortlaut: DzURP 1949, Nr. 33, Pos. 244;
unter Berichtigung der Änderungen: DzU 1946, Nr. 30. Pos. 193;
DzU 1949, Nr. 32, Pos. 239;
— veröff.: 24. 5. 1949 —

Auf Grund des Gesetzes vom 3. Januar 1945 über die Veröffentlichung von Dekrets mit Gesetzeskraft (DzU Nr. 1, Pos. 1) — beschließt der Ministerrat und das Präsidium des Landesnationalrates bestätigt, was folgt:

Art. 1. 1. Dem standrechtlichen Verfahren unterliegen:

a) die vorsätzlichen Vergehen, die in Abs. XXXIII des Strafkodex aufgeführt sind.

b) die Vergehen des Art. 225, § 1 des StK.

c) die in Art. 258 und 259 StK. bezeichneten Vergehen,

d) 1. alle Vergehen zum Schaden des Staatsfiskus, *der Selbstverwaltung*, der öffentlichrechtlichen Anstalten, der Genossenschaften, der Unternehmen, die im Eigentum oder unter der Verwaltung des Staates *der Selbstverwaltung*, der öffentlichrechtlichen Anstalten oder der Genossenschaften stehen,

2. andere Vergehen — sofern wirtschaftliche Interessen Volkspolens gefährdet worden sind,

e) die in Art. 14 des Dekrets vom 13. Juni 1946 bezeichneten im Stadium des Wiederaufbaus des Staates besonders gefährlichen Vergehen, falls eine Verbindung nicht zum Ziel gehabt hat die Begehung eines Verbrechens gem. Abs. 1 dieses Dekrets oder gem. Art. 85, 86, 87 oder 88 des MilStK

2. dem standrechtlichen Verfahren unterliegen ferner die in Art. 32 und 43, § 1 des Dekr. vom 13. Juni 1946 über die im Stadium des Wiederaufbaus des Staates besonders gefährlichen Vergehen (DzU Nr. 30, Pos. 192) und in Art. 33 dieses Dekrets vorgesehenen Vergehen, soweit sie betreffen die Teilnahme an einer Verbindung, die die Begehung eines Vergehens gem. Art. 32 oder an einer Zusammenrottung, die mit vereinten Kräften ein solches Vergehen bewirkt, betrifft.

3. Das standrechtliche Verfahren wird angewandt, wenn der Ankläger des *Appellationsgerichtes*[54]) unter Berücksichtigung der Umstände des Falles einen Antrag auf Entscheidung in diesem Verfahren stellt.

4. Ein dem standrechtlichen Verfahren unterliegendes Vergehen (Abs. 1 und 2) wird in diesem Verfahren abgeurteilt, sofern es während der Geltungszeit dieses Dekrets begangen wurde.

5. Das standrechtliche Verfahren findet keine Anwendung hinsichtlich von Personen, die der Verantwortlichkeit vor Militärgerichten unterliegen.

6. Die Zuständigkeit des Gerichts wird nicht dadurch ausgeschlossen, daß während des Verfahrens Umstände festgestellt werden, die ergeben, daß die Tat kein Delikt darstellt, welches dem standrechtlichem Verfahren unterliegt; in diesem Falle werden jedoch die Vorschriften der Art. 2 und 13 nicht angewandt.

Art. 2. 1. Ein im standrechtlichen Verfahren abzuurteilendes Delikt wird ohne Rücksicht darauf, mit welchen Strafen es gegebenenfalls im Gesetz bedroht ist, mit nachfolgenden Grundstrafen bestraft:

---

[54]) Jetzt: Wojewodschaftsgericht.

a) mit der Todesstrafe oder
b) mit lebenslänglichem Gefängnis oder
c) mit Gefängnis von mindestens 3 Jahren und
d) mit Geldstrafen in den in Art. 42, § 2 des StK vorgesehenen Fällen.

2. Eine geringere Strafe als die im Gesetz vorgesehene mildeste Bestrafung für das gegebene Delikt darf nicht verhängt werden.

3. Im Falle der Aburteilung für ein Vergehen, gem. Art. 1, Abs. 1, Ziff. d) oder e), kann das Gericht als Zusatzstrafe den Verfall des Vermögens des Verurteilten vollständig oder teilweise anordnen.

Art. 3. Im standrechtlichen Verfahren werden die Vorschriften des Strafprozeßkodex angewandt, sofern die Bestimmungen dieses Gesetzes nicht anders lauten.

Art. 4. Die Angelegenheiten von Delikten, die dem standgerichtlichen Verfahren unterworfen sind, werden vom *Appellationsgericht*[54]) abgeurteilt in der Zusammensetzung, die in Art. 23, § 1[55]) des StPK vorgesehen ist. Die Bestimmung des Art. 22, § 2[56]) des StPK wird sinngemäß angewandt.

Art. 5. Das standrechtliche Verfahren wird ausschließlich auf die diesem Verfahren unterliegenden Delikte angewandt unter Außerachtlassung aller anderen Straftaten derer sich der Angeklagte schuldig gemacht haben sollte und die in einem anderen Verfahrensgang zu beurteilen sind.

Art. 6. Das standrechtliche Verfahren findet keine Anwendung gegenüber von Personen, die bei der Begehung der Straftat das 17. Lebensjahr nicht beendet hatten, gegenüber schwangeren Frauen und Personen, bezüglich derer Zweifel an der Zurechnungsfähigkeit entstehen könnten.

Art. 7. Über jede Tat, die die Tatbestandsmerkmale eines Deliktes enthält, das dem standrechtlichen Verfahren unterliegt, haben die zur Strafverfolgung berufenen Organe unverzüglich den Prokurator des *Bezirks- und des Appellationsgerichtes*[57]) zu benachrichtigen und dem letzteren die vorhandenen Mitteilungen und Beweismittel zu übersenden.

Art. 8. 1. In Angelegenheiten von Delikten, die dem standrechtlichen Verfahren unterworfen sind, ist die Durchführung des vorläufigen Arrestes verpflichtend. Die vorläufige Festnahme wird angeordnet, wenn der Vorwurf bezügl. der Begehung des Deliktes, welches dem standgerichtlichem Verfahren unterliegt, durch den Beschuldigten glaubwürdig erscheint.

[55]) Jetzt: Art. 18 § 1.

[56]) Jetzt: Art. 17 § 2.

[57]) Vgl. die Änderungen, die sich gem. Art. 7 in Vegl. mit Art. 18 Abs. 1 des Ges. v. 20. 8. 1950 über die Prokuratur der Polnischen Republik (DzU Nr. 38, Pos. 346) ergeben.

2. Die vorläufige Festnahme wird durch den Prokurator angeordnet. Falls die Vorführung des Festgenommenen vor den Prokurator mit unverhältnismäßigen Schwierigkeiten verbunden ist, dann wird die vorläufige Festnahme durch den *Burgrichter*[58]) angeordnet.

Art. 9. Falls mehrere Gerichte zuständig sind, dann entscheidet dasjenige Gericht, bei dem die Anklageschrift zuerst eingereicht wird.

Art. 10. Die Anklageschrift hat den Antrag auf Aburteilung im standgerichtlichen Verfahren zu enthalten.

Art. 11. 1. Innerhalb von 24 Stunden nach Einreichung der Anklageschrift ist vom Vorsitzenden der Termin der Hauptverhandlung zu bestimmen und die erforderlichen Zustellungen und Ladungen sind anzuordnen.

2. Im Falle der bettlägerigen Erkrankung des Angeklagten kann die Anordnung der Hauptverhandlung erst nach seiner Gesundung erfolgen.

3. Die Bestimmung des Art. 262[59]) des StPK findet keine Anwendung, die in Art. 265[60]) StPK bestimmte Frist wird auf 3 Tage verkürzt.

4. Der Vorsitzende entscheidet über die Heranziehung von Beweisen, die vom Angeklagten benannt werden.

5. Falls die Gefahr besteht, daß ein Zeuge oder Sachverständiger sich nicht stellen werde, kann der Vorsitzende sein Erscheinen zur Verhandlung sichern, indem er dessen Zwangsvorführung ohne Rücksicht auf die in Art. 112[61]) StPK vorgesehenen Beschränkungen anordnet.

Art. 12. 1. In der Hauptverhandlung muß der Angeklagte durch einen Verteidiger vertreten sein.

2. Falls der Angeklagte keinen Wahlverteidiger besitzt, ordnet der Vorsitzende ihm einen Amtsverteidiger bei.

3. Die Privatklage ist unzulässig.

Art. 13. 1. Nach der Beratung ist vom Gericht unverzüglich das Urteil zu verkündigen; eine Vertagung der Urteilsverkündigung ist unzulässig.

2. Das Urteil ist binnen 24 Stunden seit der Urteilsverkündung schriftlich zu begründen.

3. Die Todesstrafe darf nur dann verhängt werden, wenn Einstimmigkeit sowohl bezüglich der Schuldfrage als auch der Strafart besteht.

4. Die Urteile und Beschlüsse des Gerichts sind unanfechtbar.

---

[58]) Jetzt: Kreisrichter.

[59]) Jetzt: Art. 253.

[60]) Jetzt: Art. 256.

[61]) Jetzt: Art. 105.

Art. 14. Jede Vollstreckung einer Todesstrafe ist öffentlich bekanntzugeben durch Anzeige in der Presse oder in anderer Weise, wobei die abgeurteilte Person zu benennen, ferner die Art, der Ort und die Zeit des Deliktes anzugeben ist.

Art. 15. 1. Im Falle der Wiederaufnahme des Verfahrens kann die Angelegenheit nicht erneut im standrechtlichen Verfahren abgeurteilt werden.

2. Über die Wiederaufnahme des Verfahrens entscheidet das Höchste Gericht.

Art. 16. Die Ausführung dieses Dekrets wird dem Justizminister übertragen.

Art. 17. 1. Dieses Dekret tritt in Kraft mit dem Ablauf von 10 Tagen seit seiner Verkündung und verliert seine Rechtskraft mit dem Tage, den eine Verordnung des Ministerrates bezeichnen wird.

2. Für die Dauer der Wirksamkeit dieses Dekrets wird die Rechtskraft der Verordnung des Präsidenten der Republik vom 19. März 1928 über das standrechtliche Verfahren (DzURP, Nr. 33, Pos. 315) ausgesetzt.

5.

Dekret vom 22. Oktober 1947 über den Vermögensverfall

DzURP 1947, Nr. 65, Pos. 390 — veröff.: 28. 10. 1947 —
Änderung: DzU 1949, Nr. 25, Pos. 179 — veröff.: 29. 4. 1949 —

Art. 1. 1. Die Bestimmungen dieses Dekrets finden Anwendung auf:

1. die Einziehung des ganzen oder eines Vermögensteils, die vom Gericht als Nebenstrafe verhängt worden ist, oder auf die von der Sonderkommission zur Bekämpfung der Übergriffe und der Wirtschaftssabotage angeordnete Vermögenseinziehung.
2. die Sicherung der drohenden Vermögenseinziehung.

2.[62]) Die Bestimmungen dieses Dekretes finden keine Anwendung auf die Einziehung von Geräten, die der Ausführung eines Deliktes dienten oder dafür vorgesehen waren und ferner auf die Einziehung von Gegenständen, die unmittelbar oder mittelbar durch die Straftat erworben worden sind, ferner auf den Vermögensverfall, der im Schatz-Strafverfahren angeordnet wird.

Art. 2. Der Beschluß über die Sicherung der Vermögenseinziehung ist im Säkularbuch[63]), im Handelsregister und in anderen öffentlichen Registern einzutragen. Die Eintragung im Säkularbuch erfolgt

[62]) In der Fassung des Ges. v. 7. 4. 1949 über die Änderung dieses Dekr.
[63]) = Grundbuch

durch die Niederschrift eines Hinweises auf die Einziehungssicherung. Auf den Hinweis finden die Bestimmungen bezüglich den Widerspruch gegen die fehlende Übereinstimmung des Inhaltes des Säkularbuches mit der tatsächlichen Rechtslage sinngemäße Anwendung.

Art. 3. Der die Vermögenseinziehung verfügende Spruch muß genau bezeichnen, welche Gegenstände oder andere Vermögensrechte dem Verfall unterliegen.

Art. 4. Der Spruch betr. die Vermögenseinziehung bewirkt von Rechts wegen den Übergang aller Gegenstände und Vermögensrechte in das Eigentum des Staatsschatzes, die der Person gehört haben, gegen die der Verfall ausgesprochen wurde, mit nachfolgenden Ausnahmen:

1. aller mit der Person des Verurteilten unmittelbar verbundenen Rechte;
2. der für den Verurteilten und seine Familienmitglieder unentbehrlichen Gegenstände: Hausrat, Bett-, Körperwäsche und Alltagsanzug; der vom Verurteilten und seinen Familienangehörigen infolge eines körperlichen Leidens benutzten Gegenstände; der Lebensmittel- und Heizungsvorräte, die für den Verurteilten und seine Familienangehörigen für den Zeitraum eines Monats unentbehrlich sind; einer Milchkuh oder zweier Ziegen, oder dreier Schafe zuzüglich der Futter- und Streumittelvorräte bis zur nächsten Ernte, falls diese Tiere für die Ernährung des Verurteilten und seiner Familie unentbehrlich sind; der für die eigene gewerbliche Tätigkeit des Verurteilten unentbehrlichen Gegenstände; eines für den Unterhalt des Verurteilten und seiner Familie während des Zeitraums von zwei Wochen unentbehrlichen Geldbetrages; der für die Religionsübungen des Verurteilten oder seiner Familie benötigten und solcher Gegenstände, die für Lehrzwecke unentbehrlich sind; der Ehering des Verurteilten; Gegenstände die zur Bestattung eines verstorbenen Familienmitgliedes zu dienen bestimmt sind.

Art. 5. 1. Der Verfall umfaßt das Vermögen des Verurteilten im Zeitpunkt des den Verfall betreffenden Urteils selbst dann, wenn dieses noch nicht rechtskräftig ist.

2. Der Übergang des Vermögens in das Eigentum des Staates erfolgt mit dem Augenblick der Rechtskraft des Urteils.

Art. 6. 1. Alle Rechtshandlungen, die der Verurteilte nach der Begehung der Straftat oder binnen eines Jahres vor der Straftat zum Zwecke der Bewahrung des Vermögens vom Verfall, vorgenommen hat, sind durch das zuständige Zivilgericht für nichtig zu erklären, falls die Absicht des Verurteilten dem Erwerber bekannt war oder hätte bekannt sein müssen.

2. Falls durch die Rechtshandlung eine im Sinne des Art. 91, § 1 des Strafkodexes nächstverwandte Person begünstigt wurde, dann wird vermutet, daß ihr die Absicht des Verurteilten bekannt gewesen ist.

3. Falls eine dritte Person durch unentgeltliche Zuwendung begünstigt worden ist, dann wird die Rechtshandlung ohne Rücksicht darauf für nichtig erklärt, ob dem Beschenkten die Absicht des Verurteilten bekannt war oder hätte bekannt sein müssen.

4. Der Staatsschatz kann nach Ablauf von 5 Jahren gerichtlich keine Rechte mehr verfolgen, die in den vorangehenden Absätzen bezeichnet werden.

Art. 7. 1. Für Verbindlichkeiten einer Person, deren Vermögen eingezogen wurde, haftet der Staatsschatz bis zur Höhe des Wertes des verfallenen Vermögens, der auf den Staatsschatz übergegangen ist. Die Forderungen des Staatsschatzes, gleichviel ob öffentlich- oder privatrechtlicher Natur, werden in diesem Falle mit den Forderungen der übrigen Gläubiger gleichgestellt und zwar selbst dann, wenn die öffentlichrechtlichen Verbindlichkeiten erst nach Rechtskraft des Urteils festgestellt worden sind. Der Staatsschatz genießt jedoch den Vorrang bei der Befriedigung gegenüber diesen Forderungen, der ihm beriets kraft Gesetzes zusteht.

2. Im Falle der Verhängung der Einziehung eines Vermögensteiles haftet der Staat für die Erfüllung der Verbindlichkeiten nur in dem Falle, daß der der Einziehung nicht unterliegende Vermögensteil hierzu nicht ausreicht.

3. Der Vermögensverfall läßt die dinglich beschränkten Rechte, mit denen das Vermögen belastet ist, unberührt ohne die dinglich beschränkten Rechte, die dem Staatsschatz zustehen, hiervon auszuschließen.

Art. 8. 1. Die Vollstreckung von Entscheidungen über den Vermögensverfall oder über die Sicherung der Vermögenseinziehung erfolgt durch die *Liquidationsämter*[64]), die durch das Dekret vom 8. März 1946 über die verlassenen und vormals deutschen Vermögen (DzURP Nr. 13, Pos. 87) ins Leben gerufen worden sind.

2. Die Ausführung dieser Entscheidungen erfolgt im Verwaltungsverfahren unter Ausschluß des Rechtsweges. Die *Liquidationsämter*[64]) wenden die Bestimmungen an, die die Feststellung, Sicherung und Übernahme der verlassenen und vormals deutschen Vermögen betreffen und wenden in den durch diese Bestimmungen nicht geregelten Angelegenheiten die Vorschriften des zweiten Buches des Zivilprozeßkodexes sinngemäß an.

Art. 9. Der Prokurator oder die Sonderkommission zur Bekämpfung der Übergriffe und der Wirtschaftssabotage üdersendet eine Abschrift der rechtskräftigen Entscheidung über den Verfall

[64]) Die Zuständigkeit der Bereichs- und Bezirks-Liquidationsämter wurde übertragen auf die Finanzdezernate der Präsidien der zuständigen Nationalräte (MONITOR POLSKI 1951, Nr. A-28, Pos. 358).

oder eine Abschrift der Entscheidung über die Sicherung des Verfalls an das *Bezirks-Liquidationsamt*[64]), in dessen Bezirk sich das dem Verfall unterliegende Vermögen oder der Wohn- bzw. Aufenthaltsort des Verurteilten (Angeklagten) oder seiner engsten Familie befindet. Diese Abschriften haben die Wirkung eines vollstreckbaren Titels.

Art. 10. 1. Sofern auf den Verfall eines Gegenstandes oder eines anderen Vermögensrechtes erkannt wurde, der einer dritten Person gehört, kann diese den Staatsschatz auf Feststellung der Unwirksamkeit des Verfalls verklagen.

2. Die Bestimmungen des Abs. 1 finden auf Entscheidungen betr. die Sicherung der Einziehung entsprechende Anwendung.

Art. 11. 1. Falls gelegentlich der Vollstreckung einer Entscheidung über den Verfall oder die Sicherung des Verfalls ein Gegenstand oder ein Recht erfaßt wurde, das einer dritten Person gehört, dann kann diese gegen den Staatsschatz auf Freigabe dieses Gegenstandes oder Rechtes klagen.

2. Diese Person soll vor Klageerhebung die Freigabe beim *Bezirksliquidationsamt*[64]) schriftlich beantragen und dabei alle Gründe aufführen, die sie in der Klage geltend zu machen gedenkt und zwar unter Bezeichnung ihrer Beweismittel. Falls sie diese Bestimmung nicht befolgt oder falls sie die Klage vor Ablauf von vier Wochen seit der Anmeldung ihrer Ansprüche erhebt, sind ihr die Prozeßkosten aufzuerlegen und zwar auch im Falle ihres Obsiegens.

Art. 12. 1. Im Falle der Aufhebung einer Entscheidung betr. den Verfall oder des Erlasses dieser Strafe und ferner in den Fällen der Artikel 10 und 11, wird das vom Staatsschatz in Erfüllung der Einziehungsentscheidung übernommene Vermögen an die berechtigte Person zurückgegeben.

2. Ist die Rückgabe des Vermögens nicht mehr möglich, dann haftet der Staatsschatz nach den Bestimmungen über die Haftung des gutgläubigen Besitzers.

3. Die Entscheidung über die Zubilligung einer Entschädigung aus Anlaß der im vorigen Absatz bezeichneten Haftung und über ihre Höhe gehört zur Zuständigkeit des *Bezirksliquidationsamtes*[64]), das zur Ausführung der Vermögenseinziehung bzw. Sicherung der Vermögenseinziehung zuständig war.

4. Gegen die Entscheidung des *Bezirksliquidationsamtes*[64]) über die Höhe der Entschädigung ist ein Rechtsmittel im Verwaltungswege nicht gegeben. Sollte aber die zu einer Entschädigung berechtigte Person mit der Entscheidung des *Bezirksliquidationsamtes*[64]) hinsichtlich der Höhe der Entschädigung nicht einverstanden sein, dann kann sie binnen 3 Monaten seit Zustellung dieser Entscheidung die Feststellung der Höhe der Schadenersatzforderung durch das *Burggericht*[65]) am Sitz des *Bezirksliquidationsamtes*[64]) verlangen. Die

---

[65]) Gegenwärtig: das Kreisgericht, das im Zuge der Reform der Gerichtsverfassung als unterste Justizinstanz errichtet wurde.

Feststellung der Schadenersatzhöhe erfolgt im Verfahren der freiwilligen Gerichtsbarkeit.

Art. 13. 1. Auf das verfallene Vermögen werden die Bestimmungen des Dekretes vom 8. März 1946 über die verlassenen und vormals deutschen Vermögen und die zu ihrer Ausführung erlassenen Verordnungen, die das gem. dem obigen Dekret in das Eigentum des Staatsschatzes übergegangene Vermögen betreffen, angewandt.

2. Auf ein Vermögen, das Gegenstand der Sicherung der Einziehung bildet, werden unter den obengenannten Bestimmungen diejenigen angewandt, die die Sicherung der verlassenen Vermögen und ihre Nutzung im Rahmen der gewöhnlichen wirtschaftlichen Bedürfnisse betreffen. Die Sicherung im Wege der Wegnahme des Vermögens von seinem bisherigen Besitzer bedarf eines diesbezügl. Beschlusses des Gerichtes oder der Sonderkommission zur Bekämpfung der Übergriffe und der Wirtschaftssabotage.

Art. 14. 1. Die Bestimmungen dieses Dekretes werden sinngemäß angewendet auf die Vermögenseinziehung, die als Sicherungsmittel oder auf Grund des Art. 13 des Dekretes vom 28. Juni 1946 über die strafrechtliche Verantwortlichkeit für die Verleugnung der Nationalität während des Krieges 1939—1945 (DzURP Nr. 41, Pos. 237), verhängt wird.

2. Die Bestimmungen der Art. 2, 5, 7—13 und 15 finden sinngemäße Anwendung auf die Vermögenseinziehung gemäß dem Dekret vom 13. September 1946 über die Ausschließung von Personen deutscher Nationalität aus der polnischen Volksgemeinschaft (DzURP Nr. 55, Pos. 310)[66]) und die Bestimmungen der Artikel 8, 9, 12 und 13 — auf die Einziehung auf Grund des Dekretes vom 13. April 1945 über die Sondersteuer für Kriegsgewinne (DzURP Nr. 13, Pos. 72).

Art. 15. 1. Die Bestimmungen dieses Dekretes finden ferner Anwendung auf Strafsachen, die vor den Gerichten und vor der Sonderkommission zur Bekämpfung der Übergriffe und der Wirtschaftssabotage verhandelt werden und am Tage des Inkrafttretens dieses Dekretes noch nicht abgeschlossen waren und auf die Vollstreckung von Entscheidungen über die Einziehung und die Sicherung der Vermögenseinziehung, die vor diesem Stichtag gefällt worden waren.

2. Das Verfahren bei der Vollstreckung von Entscheidungen über die Vermögenseinziehung und Sicherung, die vor dem Tage des Inkrafttretens dieses Dekretes eingeleitet wurden, ist nach den bisherigen Bestimmungen zu Ende zu führen.

3. Die Bestimmungen der Artikel 10—13 kommen auch dann zur Anwendung, wenn die Entscheidung über die Vermögenseinziehung oder die Sicherung der Vermögenseinziehung vor Inkrafttreten dieses Dekretes vollstreckt worden ist.

---

[66]) Das Dekr. ist mit dem 31. 12. 1950 (DzURP 1949 Nr. 65, Pos. 533) außer Kraft getreten.

Art. 16. 1. Mit dem Tage des Inkrafttretens dieses Dekretes treten alle Vorschriften in dem Umfange außer Kraft, in welchem eine Regelung durch dieses Dekret erfolgt ist, insbesondere werden aufgehoben:

1. Artikel 2 und 5 des Gesetzes vom 23. Juni 1939 über die besondere strafrechtliche Verantwortlichkeit für den Überlauf zum Feinde oder ins Ausland (DzURP Nr. 37, Pos. 367);
2. Artikel 44 des Polnischen Militärstrafkodexes;
3. Artikel 323[67]) des Militärstrafprozeßkodexes hinsichtlich der Bestimmungen über die Vollstreckung des Verfalls;
4. Artikel 49 §§ 3—5 des Dekretes vom 13. Juni 1946 über die im Stadium des Wiederaufbaus des Staates besonders gefährlichen Delikte (DzURP Nr. 30, Pos. 192);
5. Artikel 2 §§ 2 und 3 sowie Artikel 6 § 3 des Dekretes vom 28. Juni 1946 über die strafrechtliche Verantwortlichkeit für die Verleugnung der Nationalität während des Krieges 1939 bis 1945 (DzURP Nr. 41, Pos. 237);
6. Artikel 11 Abs. 2 des Dekretes vom 13. September 1946 über die Ausschließung von Personen deutscher Nationalität aus der polnischen Volksgemeinschaft (DzURP Nr. 55, Pos. 310[66]).
7. Artikel 2 Abs. 2 Ziff. 3 des *Dekretes vom 17. Oktober 1946 über die Abschaffung der Sonderstrafgerichte* (*DzURP Nr.* 59, *Pos.* 324)[68]).

2. Artikel 7 des Dekretes vom 31. August 1944 über die Strafzumessung für faschistisch-hitlerische Verbrecher, die der Tötung und Mißhandlung von Zivilpersonen und von Kriegsgefangenen schuldig sind sowie gegenüber von Verrätern des Polnischen Volkes (DzURP 1946, Nr. 69, Pos. 377) erhält nunmehr nachf. Fassung:

„Artikel 7. Im Falle der Verurteilung für eine in diesem Dekret bezeichnete Straftat, erkennt das Gericht:

a) auf Verlust der öffentlichen Rechte und der bürgerlichen Ehrenrechte,

b) auf Einziehung des gesamten Vermögens des Verurteilten".

---

[67]) gegenwärtig: Art. 320.

[68]) Aufgehoben durch das Ges. v. 27. 4. 1949 über die Änderung von Bestimmungen des Strafverfahrens (DzURP Nr. 32, Pos. 238).

[69]) Gegenwärtig: Finanzen.

[70]) Diese Ministerien wurden aufgelöst. Ihre Aufgaben sind übergegangen auf das Ministerium für Kommunalwirtschaft, für Öffentliche Sicherheit, für Landwirtschaft u. a. sowie auf das Amt für Kultus, das dem Ministerratsvorsitzenden unmittelbar unterstellt ist.

Art. 17. Die Ausführung dieses Dekretes wird den Ministern übertragen: für den *Schatz*[69]), für Justiz, für Nationalverteidigung, *für Öffentliche Verwaltung, für die Wiedergewonnenen Gebiete*[70]) und für die Öffentliche Sicherheit.

Art. 18. Das Dekret tritt 7 Tage nach dem Tage seiner Verkündung in Kraft.

6.

Dekret vom 26. April 1948 über die Erhöhung der Zwangsgelder, Geld-, Ordnungsstrafen und Auflagen

DzURP 1948, Nr. 24, Pos. 161; — veröff.: 27. 4. 1948 — Änderung: DzURP 1950, Nr. 21, Pos. 184 und Nr. 36, Pos. 335;

Art. 1. 1. Um das Fünfzigfache werden erhöht alle in den vor dem 5. September 1939 ergangenen Gesetzgebungsakten des materiellen und des formellen Rechts genannten Zwangsgelder, Geldstrafen, Ordnungsstrafen und Auflagen, die mit einer bestimmten Geldquote beziffert wurden sowie die oberen Grenzen der Zwangsgelder, Geldstrafen, Ordnungsstrafen und Auflagen, die in einer Rahmen-Geldquote beziffert werden, ohne Rücksicht darauf, ob sie von Gerichts- oder von Verwaltungsbehörden zu verhängen sind.

2.[71]) Die Bestimmungen des Abs. 1 finden auf die in Artikel 3 genannten Fälle keine Anwendung.

3. Ebenfalls um das Fünfzigfache erhöht wird die obere Grenze der Zwangsgelder, Geldstrafen und Ordnungsstrafen, von der die Qualifikation der Straftat (Vergehen oder Übertretung) sowie die Zuständigkeit der Verwaltungsbehörde zur Rechtsprechung in Strafsachen abhängt.

Art. 2. Die Vollmachten der Verwaltungsbehörden zur Auferlegung von Zwangsgeldern (Geldstrafen) im Wege des Strafbefehls wird auf **30** Zloty und im Wege der sofortigen Strafverfügung — auf **15** Zloty erweitert.

Art. 3[72]). In den untenstehend genannten Bestimmungen werden nachf. Änderungen eingeführt:

1. in Artikel 11 des Gesetzes vom 5. März 1934 betr. die Aufsicht über die Rinder-, Schafs- und Schweinezucht i. d. F. des Dekrets vom 25. Juni 1946 (DzURP, Nr. 32, Pos. 203) werden ersetzt die Wörter „bis **60** Zl" durch die Wörter „bis zu **450** Zl" und in Artikel 12 desselben Gesetzes die Wörter „bis zu **300** Zl" durch die Wörter „bis zu **1500** Zloty".

[71]) Unter Berücksichtigung der Änderungen dieses Dekr. gem. dem Abänderungsges. v. 26. 4. 1950 (DzU Nr. 21, Pos. 184).

[72]) Unter Berücksichtigung der Änderungen dieses Dekr. gem. d. Ges. v. 26. 4. 1950 (DzURP Nr. 21, Pos. 184) und des Ges. v. 20. 7. 1950 (DzU Nr. 36, Pos. 335).

2. in Artikel 9 des Gesetzes vom 13. März 1934 über die Aufsicht über die Pferdezucht (DzURP 1946, Nr. 23, Pos. 154) werden ersetzt die Wörter „bis zu **90** Zl" durch „bis zu **2400** Zl".
3. in Artikel 90 des Dekrets vom 25. September 1945 betr. das Recht der Zivilstandsakte (DzURP Nr. 48, Pos. 272) werden ersetzt die Wörter „bis zu **15** Zl" durch die Wörter „bis zu **300** Zloty",
4. in Artikel 8 des Dekrets vom 2. August 1945 betr. die Arbeitsämter (DzURP Nr. 30, Pos. 182) werden ersetzt die Wörter „bis zu **750** Zl" durch die Wörter „bis zu **4500** Zl" und in Artikel 9 dieses Dekrets „bis zu **90** Zl" durch die Wörter „bis zu **900** Zl",
5. in *Artikel* 8 *des Dekrets vom 27. Juni 1948 über die gelenkte Versorgung der Bevölkerung mit Gegenständen des alltäglichen Bedarfes (DzURP Nr. 35, Pos. 217)*[73]) werden ersetzt die Wörter „bis zu **900** Zl" durch die Wörter „bis zu **4500** Zl",
6. in Artikel 48 der Verordnung des Präsidenten der Republik vom 22. März 1928 über das Verwaltungszwangsverfahren (DzURP 1928, Nr. 36, Pos. 342, 1933 Nr. 84, Pos. 624, 1934 Nr. 110, Pos. 976 und 1945 Nr. 50 Pos. 284) wird ersetzt das Wort „**15** Zl" durch das Wort „**1500** Zl",
7. in dem Dekret vom 23. Juni 1945 betr. den Militärstrafprozeßkodex (DzURP Nr. 36, Pos. 216)[74]) werden ersetzt: in Artikel 33 die Wörter „bis zu **15**" durch die Wörter „bis zu **450**", in Artikel 69, § 1 die Wörter „bis zu **30**" durch die Wörter „bis zu **750**".

Art. 4. Das Zwangsgeld (die Geldstrafe), das für ein Vergehen verhängt wird, kann nicht geringer als **7** Zl **50** Gr. und für eine Übertretung oder eine Ordnungsstrafe nicht geringer als **1** Zl **50** Gr. sein.

Art. 5.[75]). In Fällen, in denen ein Zwangsgeld in eine Freiheitsstrafe umgewandelt wird, ist ein Tag Gefängnis für ein Zwangsgeld von **3** bis zu **15** Zl und ein Tag Haft für ein Zwangsgeld von **1** Zl **50** bis zu **7** Zl **50** zu setzen.

Art. 6. Die Bestimmungen dieses Dekretes finden keine Anwendung auf Zwangsgelder, Geldstrafen, Ordnungsstrafen und Auflagen, die für Straftaten verhängt werden, die vor seinem Inkrafttreten begangen wurden.

Art. 7. Die Ausführung dieses Dekretes wird übertragen dem Vorsitzenden des Ministerrates und den Ministern: für Justiz, für den *Schatz*[76]), für die *Öffentliche Verwaltung, für die Wiedergewonnenen Gebiete*[77]) und anderen Ministern, jedem in seinem Aufgabenbereich.

---

[73]) Aufgehoben (DzURP 1949, Nr. 46, Pos. 341).

[74]) Einheitlicher Wortlaut in DzURP 1953, Nr. 36, Pos. 153.

[75]) I. d. F. d. Ges. v. 26. 4. 1950 (DzU Nr. 21, Pos. 184).

Art. 8. Dieses Dekret tritt mit dem Tage seiner Verkündung in Kraft. Gleichzeitig verliert das Dekret vom 16. November 1945 über die Erhöhung der Zwangsgelder, Geldstrafen, Ordnungsstrafen und Auflagen (DzURP Nr. 56, Pos. 312) seine Rechtskraft.

III.

Sondergesetze gegen Faschisten, Kriegsverbrecher und Volksdeutsche

Seite

1.

Dekret vom 22. Januar 1946 über die Verantwortlichkeit für die Septemberniederlage und die Faschisierung des Staatslebens

— DzU 1946, Nr. 5, Pos. 46 —
— veröff.: 18. 2. 1946 —

Art. 1. Wer zur Förderung der faschistischen oder nationalsozialistischen Bewegung oder in Ausübung seines Amtes oder einer ihm aufgetragenen Tätigkeit im Bereiche der Staatsverwaltung oder als Vertreter des Polnischen Staates bei einem fremden Staat oder gegenüber dessen Beamten in nachfolgender Weise zum Schaden des Polnischen Staates tätig war:

---

[76]) Gegenwärtig: Finanzen.

[77]) Diese Ministerien wurden aufgelöst. Ihre Aufgaben sind übergegangen auf das Min. f. Kommunalwirtschaft, f. Öffentliche Sicherheit, f. Landwirtschaft u. a. sowie a. d. Amt f. Kultus, das dem Ministerratsvorsitzenden unmittelbar unterstellt ist.

a) indem er die polnischen oder verbündeten Streitkräfte verminderte,

b) indem er den Wehrwillen der Bevölkerung schwächte,

— wird mit Gefängnis nicht unter 3 Jahren oder lebenslänglich oder mit dem Tode bestraft.

Art. 2. 1. Wer gelegentlich der Ausübung der obersten Führungsfunktionen im Rahmen der Organisierung der Streitkräfte und des Wirtschaftspotentials des Polnischen Staates und der Durchführung seiner Verteidigung, die ihm übertragenen Pflichten vernachlässigte oder ungenügend erfüllte und dadurch den Faschismus oder Nationalsozialismus förderte,

— wird mit Gefängnis oder mit lebenslänglichem Gefängnis bestraft.

2. Wer als Bevollmächtigter des Polnischen Staates auf internationalem Gebiet zum Vorteil des Faschismus oder eines faschistischen Staates oder der von diesem lancierten internationalen Politik handelte,

— wird mit Gefängnis oder mit lebenslänglichem Gefängnis bestraft.

Art. 3. Wer zur Förderung der faschistischen oder nationalsozialistischen Bewegung bei Entscheidungen in öffentlichen Angelegenheiten in einer anderen Weise, als in den Artikeln 1 oder 2 beschrieben, zum Schaden des polnischen Volkes und Staates handelte,

— wird mit Gefängnis bestraft.

Art. 4. Wer Schriften, Drucke oder Bildnisse, die zur Begehung der in den Artikeln 1 oder 3 beschriebenen Straftaten aufrufen oder deren Befürwortung enthielten, verbreitete oder herstellte, verwahrte oder transportierte,

— wird mit Gefängnis bestraft.

Art. 5. 1. Wer sich an der Mißhandlung einer an einem Isolierungsort, in einem Lager, einer Haftanstalt oder Strafanstalt wegen ihrer politischen oder sozialen Tätigkeit befindlichen oder festgehaltenen Personen beteiligte,

— wird mit Gefängnis bestraft.

2. Die gleiche Strafe trifft denjenigen, der eine in Absatz 1 beschriebene Straftat veranlaßt oder bei ihrer Ausübung Beihilfe geleistet hat.

Art. 6. Wer in betrügerischer Weise unter Ausübung eines moralischen Druckes oder im Wege der Korruption:

a) dem polnischen Volk eine undemokratische Verfassung aufzuoktroyieren versucht oder dies ausgeführt hat,

b) es unternommen oder ausgeführt hat, die rechtsverbindliche Staatsverfassung der polnischen Republik im faschistischen Geiste abzuändern,

— wird mit Gefängnis oder mit lebenslänglichem Gefängnis bestraft.

Art. 7. 1. Auf die im vorstehenden Dekret vorgesehenen Straftaten finden die Bestimmungen des allgemeinen Teils des Strafkodexes 1932 Anwendung, soweit dies Dekret nichts anderes bestimmt.

2. Die in Artikel 86 Buchst. a) und b) des Strafkodex vorgesehene Frist beträgt 25 Jahre und die im Artikel 87 Buchst. a) und b) des Strafkodex vorgesehene Frist bis zu 30 Jahren.

3. Die Bestimmung des Artikels 6 Strafkodex wird auf die in diesem Dekret vorgesehenen Straftaten nicht angewandt.

Art. 8. Aufgehoben wird die Verordnung des Staatspräsidenten vom 17. Juni 1934 betr. die die öffentliche Sicherheit, Ruhe und Ordnung gefährdenden Personen (DzURP Nr. 50, Pos. 473).

Art. 9. Die Ausführung dieses Dekrets wird dem Justizminister übertragen.

Art. 10. Dieses Dekret tritt am Tage seiner Veröffentlichung in Kraft und findet Anwendung auf alle Straftaten, die in diesem Dekret beschreiben sind und vor dem 1. September 1939 ausgeführt wurden.

2.

Dekret vom 31. August 1944
über die Strafzumessung für faschistisch-hitlerische Verbrecher, die der Tötung und Mißhandlung von Zivilpersonen und Kriegsgefangenen schuldig sind und für Verräter des polnischen Volkes

— DzURP 1944 Nr. 4, Pos. 16 —

in der Fassung des Dekr. vom 16. Februar 1945 DzU. 1945 Nr. 7, Pos. 29 — vom 10. Dezember 1946 Nr. 69, Pos. 376 — vom 22. Oktober 1947 über den Vermögensverfall — DzU. 1947 Nr. 65, Pos. 390, vom 3. April 1948 — DzU. 1948 Nr. 18, Pos. 124 — und des Ges. vom 27. April 1949 betr. die Abänderung von Bestimmungen des Strafverfahrens — DzU. 1949 Nr. 32, Pos. 238. —

Art. 1. Wer zur Förderung der Behörden des deutschen oder eines mit ihm verbündeten Staates

1. an der Tötung von Zivilpersonen, Wehrmachtsangehörigen oder Kriegsgefangenen teilgenommen hat,
2. durch Anzeige oder Festnahme zum Nachteil von Personen tätig war, die aus politischen, nationalistischen, religiösen oder rassischen Gründen durch die Behörden gesucht oder verfolgt wurden,

— wird mit dem Tode bestraft.

Art. 2. Wer zur Förderung der Behörden des deutschen oder eines mit ihm verbündeten Staates in anderer Weise oder unter anderen Umständen, als den in Artikel 1 vorgesehenen, zum Nachteil des polnischen Staates, einer polnischen juristischen Person oder von Personen aus den Reihen der Zivilbevölkerung, der bewaffneten Streitkräfte oder der Kriegsgefangenen gehandelt hat,

— wird mit Gefängnis nicht unter 3 Jahren oder lebenslänglich oder mit dem Tode bestraft.

Art. 3. Wer unter Ausnutzung der Kriegsverhältnisse Leistungen erzwungen hat mit der Drohung, Verfolgungen seitens der Behörden des deutschen oder eines mit diesem verbündeten Staates zu veranlassen, oder in anderer Weise zum Nachteil von Personen gehandelt hat, die von diesen Behörden gesucht oder verfolgt wurden,

— wird mit Gefängnis nicht unter 3 Jahren oder lebenslänglich bestraft.

Art. 4. § 1. Wer an einer verbrecherischen Organisation teilgenommen hat, die von den Behörden des deutschen oder eines mit ihm verbündeten Staates oder einer politischen Körperschaft, die im Interesse des deutschen Reiches oder eines mit ihm verbündeten Landes, ins Leben gerufen oder anerkannt war,

— wird mit Gefängnis nicht unter 3 Jahren oder lebenslänglich oder mit dem Tode bestraft.

§ 2. Eine verbrecherische Organisation im Sinne des § 1 ist eine Gruppe oder Organisation:

a) die sich Verbrechen gegen den Frieden, Kriegsverbrechen oder Verbrechen gegen die Menschlichkeit zur Aufgabe gemacht hat,

b) die sich zwar eine andere Aufgabe gestellt hat, ihr Ziel aber unter Begehung der zu Punkt a) genannten Verbrechen zu erreichen sucht.

§ 3. Verbrecherisch ist insbesondere die Teilnahme:

a) in der Nationalsozialistischen Deutschen Arbeiterpartei (NSDAP) in allen leitenden Stellungen,

b) in den Schutzstaffeln (SS),

c) in der Geheimen Staatspolizei (Gestapo),

d) im Sicherheitsdienst (SD).

Art. 5. § 1. Ein Handeln oder Unterlassen infolge von Nötigung, Befehl oder Anweisung befreit nicht von der strafrechtlichen Verantwortlichkeit.

§ 2. In einem solchen Falle kann das Gericht eine außerordentliche Strafmilderung unter Berücksichtigung der Person des Täters oder der Tatumstände zubilligen.

§ 3.[79]) Die Bestimmung des § 2 wird entsprechend angewandt, wenn in einem Falle des Artikels 1, Ziff. 2 mildernde Umstände vorliegen.

Art. 6. Die Anzeige oder Auslieferung von Personen, die wegen eines kriminellen Deliktes verfolgt wurden, an die Behörden des

---

[78]) In der Fassung des Dekr. v. 22. 10. 1947 über den Vermögensverfall — DzURP 1947 Nr. 65, Pos. 390 —.

[79]) In der Fassung des Dekr. v. 3. 4. 1948 — DzURP 1948, Nr. 18 Pos.224.

deutschen oder eines mit ihm verbündeten Staates, wird nicht bestraft, wenn der die Anzeige oder Auslieferung Bewirkende im überwiegenden öffentlichen oder privaten Interesse gehandelt hat.

Art. 7.[78]) Im Falle der Verurteilung für ein in diesem Dekret bezeichnetes Vergehen, erkennt das Gericht:

a) auf Verlust der öffentlichen Rechte und der bürgerlichen Ehrenrechte,

b) auf Einziehung des gesamten Vermögens des Verurteilten.

Art. 8. Auf die in diesem Dekret bezeichneten Delikte finden die Bestimmungen der Artikel 6 und 61 des Strafkodexes von 1932, sowie die Artikel 57 und 185 des poln. Militärstrafkodexes keine Anwendung.

Art. 9. Die Bestimmungen dieses Dekrets finden auf Taten Anwendung, die in der Zeit vom 1. September 1939 bis zum 9. Mai 1945 begangen wurden.

Art. 10[80]). 1. Auf die in diesem Dekret bezeichneten Delikte finden die Bestimmungen des Dekrets vom 17. Oktober 1946 über die Abschaffung der Sonderstrafgerichte Anwendung (DzU. Nr. 59, Pos. 324).

2[79]). Gleichwohl kann die Wiederaufahme eines durch rechtskräftiges Urteil beendeten Verfahrens zum Nachteil des Angeklagten nicht nur aus den in Artikel 600 poln. StPK., sondern auch dann erfolgen, wenn sich nach Erlaß des Urteils neue Tatsachen oder Beweise ergeben, die zuvor weder dem öffentlichen Ankläger noch dem Gericht bekannt gewesen sind und denen zufolge der Angeklagte schuldig ist oder wenn er wegen einer Straftat verurteilt wurde, die geringfügiger ist, als die tatsächlich begangene.

3[79]). Die Wiederaufnahme des Verfahrens gem. Abs. 2 kann nur binnen 5 Jahren nach Rechtskraft des Urteils erfolgen.

4[79]). Die Bestimmungen der Absätze 2 und 3 finden auch in den Fällen Anwendung, die vor dem *Bezirksgericht* (jetzt Wojewodschaftsgericht) zur Verhandlung kommen und in Artikel 6, Abs. 1, Ziff. 2 des Dekrets vom 22. Januar 1946 über das Oberste Nationaltribunal aufgezählt sind.

Art. 11. Die Bestimmungen der Artikel 1—9 werden auch auf Personen angewandt, die der Zuständigkeit der Militärgerichte unterliegen.

Art. 12. Die Ausführung dieses Dekrets wird dem Justizminister und den Minister für die Nationale Verteidigung und die Öffentliche Sicherheit übertragen.

---

[80]) Aufgehoben und ersetzt durch Art. 3, 10 des Ges. v. 27. 4. 1949 betr. die A bänderung von Bestimmungen des Strafverfahrens
— D zURP 1949. Nr. 32. Pos. 238 —

3.

Dekret vom 28. Juni 1946 über die strafrechtliche Verantwortlichkeit für die Verleugnung der Nationalität während des Krieges 1939–1945

DzURP 1946, Nr. 41, Pos. 237

Art. 1. § 1. Wer als polnischer Staatsangehöriger in der Zeit vom 1. September 1939 bis zum 9. Mai 1945 seine Zugehörigkeit zur deutschen oder einer vom Okkupanten privilegierten Nationalität deklariert hat,

unterliegt einer Gefängnisstrafe bis zu 10 Jahren.

§ 2. Als Deklarierung der Zugehörigkeit zur deutschen Nationalität wird auch die Anmeldung der deutschen Abstammung angesehen.

§ 3. Das Gericht kann außergewöhnliche Strafmilderungen vornehmen, wenn der Täter aus Unwissenheit oder infolge eines durch allgemeine Umstände zu rechtfertigenden Mangels der Entwicklung des staatsbürgerlichen Verständnisses gehandelt hat.

Art. 2[81]). Neben einer Freiheitsstrafe kann das Gericht eine Geldbuße und nachfolgende Nebenstrafen auferlegen: Den Verlust der öffentlichen Rechte und der bürgerlichen Ehrenrechte, ferner den vollständigen oder teilweisen Vermögensverfall.

Art. 3. Eine Straftat hat nicht begangen, wer seine Zugehörigkeit zum Deutschen Volkstum oder einer vom Okkupanten privilegierten Nationalität angemeldet hat, indem er im Interesse des polnischen Staates oder auf Befehl einer polnischen Freiheitsorganisation gehandelt hat.

Art. 4. Straffrei bleibt:

a) wer seine Zugehörigkeit zur deutschen oder einer vom Okkupanten privilegierten Nationalität deklariert hat, um schweren Verfolgungen seitens der deutschen Behörden oder politischen Organisationen für sein Festhalten bei seinem Volkstum zu entgehen, wenn diese Verfolgungen auf andere Weise ohne erheblicher Schwierigkeiten nicht vermieden werden konnten.

b) wer trotz seiner Deklaration der Zugehörigkeit zum deutschen Volkstum oder einer privilegierten Nationalität im Lande der außerhalb seiner Grenzen an den Freiheitskämpfen teilgenommen hat oder freiwillig einer Armee oder einer Freiheitsorganisation beigetreten ist, die gegen den deutschen oder einen mit ihm verbündeten Staat kämpfte, oder wer unter Einsatz seiner Freiheit und seines Lebens der polnischen Volksgemeinschaft aktiv Hilfe geleistet hat.

c) wer schon vor dem 1. September 1939 stets seine Zugehörigkeit zur deutschen oder einer vom Okkupanten privilegierten Nationalität bekundet hat.

---

81) Art. 2 ff 2 und 3 aufgehoben durch Art. 16 Abt. I Ziff. 5 des Dekr. v. 22. 10. 1947 betr. die Vermögenseinziehung (DzURP 1947, Nr. 65, Pos. 390).

Art. 5. § 1. Auf ein in Artikel 1 bezeichnetes Vergehen finden keine Anwendung nachf. Bestimmungen:

a) Artikel 6, 22, 61 und 85 des StK 1932,

b) Artikel 100 des MilStK,

c) Artikel 100 des StK, falls das in diesem Artikel beschriebene Vergehen in der Weise begangen wurde, wie dies Artikel 1 dieses Dekrets vorsieht.

d) Dekret vom 2. August 1945 betr. die Amnestie (DzU, Nr. 28, Pos. 172).

§ 2. In den Strafsachen, die in Artikel 1 bezeichnet sind, beginnt der Lauf der Verfolgungs- und Strafverjährung mit dem 9. Mai 1945.

Art. 6[82]. § 1. Zur Rechtsprechung in Strafsachen der in Artikel 1 bezeichneten Art sind die Sonderstrafgerichte berufen, die durch Dekret des Polnischen Komitees der Nationalen Befreiung vom 12. September 1944 betr. die Sonderstrafgerichte für faschistisch-hitlerische Verbrecher (DzURP Nr. 4, Pos. 21) eingeführt wurden und zwar mit der Einschränkung, die sich aus der Bestimmung des Artikel 13, Abs. 2 des Dekrets vom 22. Januar 1946 betr. das Höchste National-Tribunal ergibt (DzURP Nr. 5, Pos. 45)[82].

§ 2. Das Strafverfahren entspricht den Bestimmungen des poln. StPK mit nachfolgenden Änderungen:

a) im Vorverfahren sind sinngemäß anzuwenden die Bestimmungen des Dekrets vom 13. Juni 1946 betr. die besonders gefährlichen Vergehen im Stadium des Wiederaufbaues des Staates (DzU Nr. 14, Pos. 192),

b) gegen Entscheidungen des Gerichtes werden keine Rechtsmittel zugelassen,

c) das Gericht hat ein schriftliches Urteil mit Begründung innerhalb von 7 Tagen seit Verkündung der Urteilsformel abzufassen,

d) die Aufhebung eines Urteils kann nur durch den Ersten Prokurator beim Obersten National-Tribunal gem. dem in Artikel 15 des Dekrets über das Oberste National-Tribunal genannten Verfahren beantragt werden.

e) Über die Wiederaufnahme eines Verfahrens entscheidet das Oberste National-Tribunal[83].

Art. 7. § 1. Die Flüchtigkeit des Täters ist kein Hinderungsgrund für die Aufnahme und Durchführung des Verfahrens mit nachf. Einschränkungen:

a) die Teilnahme eines Verteidigers während des ganzen Verfahrens ist notwendig,

---

[82]) Art. 6 § 3 ist aufgehoben durch Art. 16 Abt. I Ziff. 5 d. Dekr. v. 22. 10. 1947 betr. Vermögenseinziehung — DzU 1947, Nr. 65, Pos. 390 —.

[83]) Vgl. Dekr. v. 17. 10. 1946 über die Abschaffung von Sonderstrafgerichten — DzURP 1946, Nr. 59, Pos. 324 und Ges. v. 27. 4. 1949 betr. Strafverfahrensänderungen — DzURP 1949, Nr. 32, Pos. 238 —.

b) der Verteidiger hat alle Rechte des Angeklagten,

c) das Recht der Wahl eines Verteidigers steht dem Angeklagten, ferner dessen Vater, Mutter, Vormunde, Ehegatten, den Kindern und den Geschwistern zu,

d) ist kein Wahlverteidiger vorhanden, dann ist ein Verteidiger von Amts wegen zu bestellen,

e) die Wiederaufnahme eines durch rechtskräftiges Urteil abgeschlossenen Verfahrens kann zugunsten des Angeklagten auch für den Fall erfolgen, daß solche Tatsachen oder Beweise beschafft werden, die dem Gericht zuvor unbekannt waren und die sei es allein für sich, sei es auch in Verbindung mit anderen Umstände erweisen, die gemäß dem Gesetz die Strafwürdigkeit oder Strafbarkeit der Tat ausschließen oder vermindern.

§ 2. In dem in § 1 vorgesehenen Falle gibt das Gericht die Aufnahme des Gerichtsverfahrens in einer nach eigener Wahl zu bestimmenden Zeitschrift bekannt, es kann diese Bekanntmachung auch in der Gemeinde des letzten Wohnsitzes oder Aufenthaltes des Angeklagten vornehmen und die Hauptverhandlung darf nicht eher als nach Ablauf von 60 Tagen seit der Bekanntmachung in einer Zeitschrift stattfinden.

§ 3. Die Bestimmung des § 2 findet keine Anwendung, sofern der Angeklagte flüchtig geworden ist, nachdem er die Ausfertigung der Anklageschrift erhalten hatte.

Art. 8. § 1. Falls der Täter nach der Begehung einer in Artikel 1 beschriebenen Straftat geisteskrank geworden oder verstorben ist, kann das Gericht zwecks Sicherstellung die Einziehung des gesamten Vermögens oder eines Teils desselben beschließen, im Todesfalle unterliegt der Einziehung derjenige Teil des Vermögens des Verstorbenen, der ihm im Zeitpunkt des Todes gehört hat.

§ 2. Die Bestimmung des § 1 betrifft nicht Personen, auf die Artikel 4 Anwendung findet.

Art. 9. § 1. In Verfahren, die vor Inkrafttreten dieses Dekrets sei es auf Grund des *Dekrets des Polnischen Komitees der Nationalen Befreiung vom 4. November 1944 betr. die Sicherungsmittel hinsichtlich der Volksverräter* (*DzURP Nr. 11, Pos. 54*) — in der Folge abgekürzt „*Dekret 1944*“[84]) genannt, — sei es auf Grund *des Gesetzes vom 6. Mai 1945 betr. die Ausschließung feindlicher Elemente aus der polnischen Volksgemeinschaft* (*DzURP Nr. 17, Pos. 96*) *mit den späteren Abänderungen* (*DzURP Nr. 34, 1945, Pos. 203 u. Nr. 55, Pos. 307 und 1946 Nr. 11, Pos. 73*) — in der Folge abgekürzt „*Gesetz 1945*“[85]) genannt, — anhängig geworden sind, finden die Bestimmungen der Artikel 10—19 Anwendung.

---

[84]) Vgl. Dekr. v. 17. 10. 1946 über die Abschaffung von Sonderstrafgerichten — DzURP 1945, Nr. 59, Pos. 324 und Ges. v. 27. 4. 1949 betr. Strafverfahrensänderungen — DzURP 1949, Nr. 32, Pos. 238 —.

Art. 10. Ein Strafverfahren wegen einer Straftat gem. Artikel 1 wird hinsichtlich solcher Personen nicht eingeleitet, bezüglich derer ein Beschluß eines *Sonderstrafgerichtes*[85]) vorliegt, durch den eine Anordnung des Prokurators über die zwangsweise Isolation (*Dekret 1944*) aufgehoben wird, oder ein rechtskräftiger Beschluß eines *Burggerichts*[86]) durch den die vollständige oder teilweise Rehabilitation festgestellt wurde (*Gesetz 1945*).

Art. 11. § 1. Einer Bescheinigung, durch die die polnische Staatsangehörigkeit und Zugehörigkeit zur polnischen Nationalität festgestellt wurde *(Ges. 1945)*, wird die Wirksamkeit einer konstitutiven Entscheidung verliehen, durch welche festgestellt ist, daß die Tatsache der Deklaration der Zugehörigkeit zur deutschen Nationalität der Verfolgung nicht unterliegt (Artikel 17).

§ 2. Bezüglich derjenigen Personen, die in *Artikel 2. Abs. 3 des Ges. 1945* genannt sind, wird den Bestätigungen der abgelegten Treuedeklaration gegenüber dem Polnischen Volk und dem Demokratischen Polnischen Staate die gleiche Rechtskraft, wie den in § 1 genannten Bescheinigungen, verliehen.

Art. 12. § 1. Rechtskräftige Beschlüsse und Verfügungen, durch die die Unterbringung an einem isolierten Ort, die Unterwerfung der Zwangsarbeit, der Verlust der Rechte, eine Buße oder der Verfall des Vermögens, verhängt wurden, behalten ihre Wirksamkeit, soweit sie sich auf Buße oder Vermögensverfall beziehen, im übrigen treten sie außer Kraft.

§ 2. Die Entlassung aus einem Isolationsort erfolgt mit der Einschränkung des Artikels 17.

§ 3. Ist die Geldbuße *gem. Ges. 1945* ganz oder teilweise nicht einziehbar, so hat das Gericht (Artikel 6) auf Antrag des Prokurators die Durchführung von Arbeiten in der Freiheit in Anrechnung auf die nichteingebrachte Buße anzuordnen. Die Arbeiten sind zugunsten der Ortsgemeinde des Wohnsitzes des Person auszuführen, der die Buße auferlegt wurde: hierbei wird ein Arbeitstag einer Buße von **1,50** bis **7,50** Zloty gleichgesetzt. Die Arbeit darf nicht länger, als zwei Jahre dauern.

Art. 13[87]). § 1. Alle anhängigen Verfahren werden eingestellt.

§ 2. Die Entlassung aus dem Isolationsort erfolgt vorbehaltlich der Bestimmungen des Artikels 17.

§ 3. Die Freigabe eines beschlagnahmten Vermögens, die Aufhebung der Überwachung oder Verwaltung kann erst erfolgen, wenn ein Urteil ergangen ist, das die Einziehung des Vermögens nicht verhängt, (Artikel 2) oder auf Grund eines Einstellungsbeschlusses (Artikel 17) unter nachf. Bedingungen:

[85]) Aufgehoben durch Dekr. v. 17. 10. 1946 (DzU Nr. 59, Pos. 329).

[86]) Kreisgerichte.

[87]) Auf den Vermögensverfall sind jetzt die Bestimmungen des Dekr. v. 22. 10. 1947 (DzU Nr. 65, Pos. 390 und 1949, Nr. 25, Pos. 179) anzuwenden.

a) daß das Vermögen noch im Besitz des Eigentümers ist, es sei denn

b) daß die Deklaration der Zugehörigkeit zum deutschen Volkstum oder einer vom Okkupanten privilegierten Nationalität unter den in Artikel 3 vorgesehenen Umständen erfolgt ist und insbes. staatliche oder soziale Gründe der Rückgabe nicht entgegenstehen.

§ 4. Ein vom Gericht nicht freigegebenes Vermögen (§ 3), geht in das Eigentum des Staatsfiskus über.

§ 5. Über die Freigabe oder Einziehung des Vermögens (Artikel 6) beschließt das Gericht in nichtöffentlicher Sitzung unter Teilnahme des Prokurators. Das Gericht benachrichtigt vom Termin diejenigen Behörden, unter deren Verwaltung das beschlagnahmte Vermögen steht oder die die Beschlagnahme durchgeführt hat und die betroffene Person. Den Parteien und ihren Bevollmächtigten steht das Recht zu, Anträge zu stellen und Erklärungen mündlich oder schriftlich abzugeben.

Art. 14. Der Ministerrat wird eine Verordnung erlassen, die die Bedingungen und den Verfahrensgang festlegen wird, die die Zubilligung eines anderen Vermögens an den Berechtigten betrifft und zwar aus der Vermögensmasse, die kraft Gesetztes oder gerichtlicher Entscheidungen durch Einziehung in das Eigentum des Staatsfiskus übergegangen ist, sofern das Gericht die Rückgabe des Vermögens aus besonderen staatlichen oder sozialen Gründen verweigert.

Art. 15. Nichteingezogene Gerichtskosten werden niedergeschlagen, bereits erhobene werden nicht zurückgezahlt.

Art. 16[88]**.** Das Sonderstrafgericht, der Prokurator beim Sonderstrafgericht oder das Burggericht überweist die Prozeßakten, die auf Grund des Dekrets von 1944 oder des Gesetzes von 1945 (Artikel 12 und 13) geführt wurden, dem Prokureur bei einem Sonderstrafgericht, der zur Verfolgung der in Artikel 1 genannten Vergehen (Artikel 26 und 27 poln. StPO) zuständig ist. Falls die Person, die das Verfahren betrifft, an einem Isolationsort gehalten wird, werden die Verfahrensakten dem Prokureur beim Sonderstrafgericht überwiesen, in dessen Bezirk der Isolierungsort gelegen ist.

Art. 17. § 1. Fehlen ausreichende Tatbeweise oder liegen diejenigen Voraussetzungen vor, die in Artikel 3 und 4 vorgesehen sind, oder andere Umstände, die die Verfolgung ausschließen, dann erläßt der Prokurator eine Verfügung, durch die festgestellt wird, daß die Tat der Verfolgung nicht unterliegt, und verfügt zugleich die Entlassung aus dem Isolierungsort; eine erneute Ermittlung wird jedoch dann aufgenommen, falls neue Tatumstände bekannt werden.

---

[88]) Überholt durch die Aufhebung der Sonderstrafgerichte (DzU 1946, Nr. 59, Pos. 324).

§ 2[88]). Sind die in § 1 vorgesehenen Voraussetzungen nicht erfüllt, dann hat der Prokurator, in dessen Bezirk der Ort der Isolierung belegen ist, unverzüglich die Strafsache dem Prokurator beim zuständigen Sonderstrafgericht zu überreichen zwecks Eröffnung des Verfahrens (Artikel 26 und 27 poln. StPK).

§ 3. Erhebt der Prokurator die Anklage, so verfügt er die vorläufige Festnahme des Verdächtigen, der am Isolierungsort einsitzt. Auf den in Freiheit verbleibenden Angeschuldigten sind die Bestimmungen des IV. Buches des StPK anzuwenden.

§ 4[89]). Wird bis zum 31. Oktober 1947 die Anklage nicht erhoben, so ist eine in einem Isolierungslager einsitzende Person durch den Prokureur auf freien Fuß zu setzen.

Art. 18. Unter den in Artikel 340 StPK vorgesehenen Bedingungen können die Prozeßakten der Verfahren, die auf Grund der Bestimmungen des *Dekrets 1944* oder des *Gesetzes 1945* eingeleitet wurden verlesen werden.

Art. 19. Das Gericht hat auf das Strafmaß anzurechnen: die Entziehung der Freiheit während der Zeit der Unterbringung an einem Ort der Isolierung, welche auf Grund des *Dekrets* 1944 oder des *Gesetzes* 1945 angeordnet worden war, ferner die Entziehung der Freiheit als Vorbeugungsmaßregeln bei Fluchtverdacht gem. Artikel 17, § 4, Gesetz 1945.

Art. 20. In einem vor Inkrafttreten dieses Dekrets eingeleiteten Verfahren wegen einer Straftat gem. Artikel 100 StK ex 1932 finden die Bestimmungen des Artikels 6 Anwendung, sofern die Anklageschrift noch nicht bei Gericht eingereicht ist.

Art. 21. Die Ausführung dieses Dekrets wird dem Ministerpräsidenten und dem Justizminister, dem Verteidigungsminister, dem Minister der Öffentlichen Sicherheit, dem *Schatzminister*, dem *Minister für die Wiedergewonnenen Gebiete* übertragen.

Art. 22. § 1. Dieses Dekret tritt in Kraft mit dem Tage seiner Verkündung und findet Anwendung hinsichtlich der im Gebiet der *Schlesisch-Dombrowaer Wojewodschaft* begangenen Straftaten[89]).

§ 2. Der Ministerrat kann im Verordnungswege die Anwendung dieses Gesetzes auf Straftaten ausdehnen, die außerhalb der *Schlesisch-Dombrowaer Wojewodschaft* begangen sind[90]).

§ 3. Auf Straftaten, auf die gem. § 1 und § 2 dieses Dekret Anwendung findet, werden nicht mehr angewandt:

a) *das Dekret des Polnischen Komitees der Nationalen Befreiung vom 4. November 1944 betr. die Sicherungsmittel im Verhältnis zu den Volksverrätern (DzURP Nr. 11, Pos. 54)*[91]),

---

[89]) Fassung d. Dekr. v. 21. 3. 1947 (DzURP 1947, Nr. 31, Pos. 131).
[90]) Vgl. VO v. 19. 9. 1946.
[91]) Vgl. Anm. zu Art. 9 des Dekr.

b) *das Gesetz vom 6. Mai 1945 betr. den Ausschluß von feindlichen Elementen aus der polnischen Volksgemeinschaft (DzURP 1945 Nr. 34, Pos. 203 und Nr. 55, Pos. 307, sowie 1946 Nr. 11, Pos. 73)*[91]),
c) Artikel 14 des Dekr. vom 22. Januar 1946 betr. das Oberste National-Tribunal (DzURP Nr. 5, Pos. 45).

Verordnung vom 19. September 1946
betr. die Erweiterung des Geltungsbereiches der Bestimmungen des Dekrets vom 28. Juni 1946 betr. die strafrechtliche Verantwortlichkeit für die Verleugnung der Nationalität während des Krieges 1939 bis 1945 bezüglich der Taten, die außerhalb der Schlesisch-Dombrowaer Wojewodschaft begangen wurden

— DzURP 1946 Nr. 53, Pos. 300 —

§ 1. Die Vorschriften des Dekrets vom 28. Juni 1946 betr. die strafrechtliche Verantwortlichkeit für die Verleugnung der Nationalität während des Krieges 1939 bis 1945 werden auch hinsichtlich der außerhalb des Gebietes der Schlesisch-Dombrowaer Wojewodschaft begangenen Taten angewandt.

§ 2. . . . pp . . .

§ 3. Diese Verordnung tritt mit dem Tage ihrer Verkündung in Kraft[92]).

4.

Gesetz vom 20. Juli 1950
betr. die Aufhebung von Sanktionen und Beschränkungen gegenüber solchen Bürgern, die ihre Zugehörigkeit zur deutschen Natiolatität deklariert haben

— DzURP 1950 Nr. 29, Pos. 270 —
— veröff.: 21. 7. 1950 —

Mit Rücksicht darauf, daß der größte Teil derjenigen Bürger, die, unter Druck des hitlerischen Okkupanten, ihre Zugehörigkeit zur deutschen Nationalität angemeldet hatten, beim Wiederaufbau des Landes mitgearbeitet hat und unter Berücksichtigung der Stärkung und Fundierung der Volksmacht und ihrer Erfolge auf allen Gebieten des politischen, wirtschaftlichen und sozialen Lebens — hat der Gesetzgebende Sejm am sechsten Jahrestag der Wiedergeburt Polens anerkannt, daß die Voraussetzungen dafür gereift sind, bezüglich dieser Bürger alle Beschränkungen und Sanktionen bei der Ausübung ihrer vollen Bürgerrechte aufzuheben.

Aus diesem Anlaß wird nachfolgendes angeordnet:

Art. 1. 1. Verfahren werden nicht eingeleitet und bereits anhängige Verfahren niedergeschlagen gegenüber polnischen Staatsangehörigen, die während des Krieges zwischen dem 1. September 1939

[92]) Verkündet am 21. 10. 1946.

und dem 9. Mai 1945 ihre Zugehörigkeit zur deutschen oder einer seitens des Okkupanten privilegierten Nationalität, oder ihre deutsche Abstammung deklariert haben.

2. Strafen, die für die in Abs. 1 genannten Taten verhängt und ganz oder teilweise nicht vollstreckt wurden, sowie der erkannte Verlust der öffentlichen Rechte sowie der bürgerlichen Ehrenrechte — werden erlassen.

Art. 2. Die Bestimmungen des Artikel 1 finden keine Anwendung auf Personen, die ein Verbrechen im Sinne des Dekrets vom 31. August 1944 betr. die Strafzumessung gegenüber faschistisch-hitlerischen Verbrechern, die der Tötung und Mißhandlung von Zivilpersonen und Kriegsgefangenen schuldig sind sowie gegenüber Verrätern des Polnischen Volkes (DzURP 1946 Nr. 69, Pos. 377, 1947, Nr. 65, Pos. 390, 1948 Nr. 18, Pos. 124 und 1949 Nr. 32, Pos. 238) begangen haben.

Art. 3. Der Ministerrat wird ermächtigt, im Verordnungswege Ausführungsbestimmungen zu diesem Gesetz zu erlassen.

Art. 4. Die Durchführung des Gesetzes wird dem Premierminister und allen Ministern übertragen.

Art. 5. Das Gesetz tritt am 22. Juli 1950 in Kraft.

5.

Verordnung vom 26. Juli 1950 betr. die Ausführung des Gesetzes vom 20. Juli 1950 über die Aufhebung von Sanktionen und Beschränkungen gegenüber denjenigen Bürgern, die ihre Zugehörigkeit zur deutschen Nationalität deklariert haben

— DzURP 1950 Nr. 32, Pos. 284 —

— veröff.: 3. 8. 1950 —

Auf Grund des Artikel 3 des Ges. vom 20. Juli 1950 über die Aufhebung von Sanktionen und Beschränkungen gegenüber den Bürgern, die ihre Zugehörigkeit zur deutschen Nationalität deklariert haben (DzURP Nr. 29, Pos. 270) wird verordnet:

§ 1. Sooft in dieser Verordnung von dem Gesetz die Rede ist, ist das Gesetz vom 20. Juli 1950 über die Aufhebung von Sanktionen und Beschränkungen gegenüber denjenigen Bürgern, die ihre Zugehörigkeit zur deutschen Nationalität deklariert hatten (DzURP Nr. 29, Pos. 270), gemeint.

§ 2. Die Bestimmungen dieses Gesetzes werden von der Behörde ausgeführt, vor der ein Verfahren betrieben wird, oder die die Vollstreckung eines Urteils leitet.

§ 3. Die Beschlüsse und Verfügungen der in § 2 genannten Behörde können bei der vorgesetzten Behörde angefochten werden.

§ 4. Die Einstellung eines Strafverfahrens wird aufgehoben, wenn die Person, gegen welche sich das Verfahren richtet, innerhalb von sieben Tagen — vom Tage der Benachrichtigung über die Einstellung des Verfahrens gerechnet — erklärt, daß sie auf der Durchführung des Verfahrens bestehe.

§ 5. 1. Wenn eine Verurteilung gem. Artikel 1 des Dekr. vom 28. Juni 1946 betr. die strafrechtliche Verantwortlichkeit für die Verleugnung der Nationalität während des Krieges 1939—1945 (DzURP Nr. 41, Pos. 237) gleichzeitig mit einer Verurteilung für ein anderes Vergehen erfolgt ist, so wird das Gericht die Bestimmungen des Artikel 1, Abs. 2 des Gesetzes zur Anwendung bringen, soweit die Verurteilung auf Grund des Dekretes betr. die strafrechtliche Verantwortlichkeit für die Verleugnung der Nationalität erfolgt ist und wegen der Verurteilung auf Grund anderer Vergehen die Strafe nach den allgemeinen Grundsätzen über die Zusammenziehung von Strafen bemessen.

2. Die Bestimmungen des Abs. 1 finden keine Anwendung in Fällen, in denen eine Verurteilung wegen eines Verbrechens auf Grund des Dekrets vom 31. August 1944 über das Strafmaß für faschistisch-hitlerische Verbrechen, die der Tötung und Mißhandlung von Zivilpersonen und Kriegsgefangenen schuldig sind, sowie gegenüber Verrätern des Polnischen Volkes (DzURP 1946 Nr. 69, Pos. 377, nebst späteren Abänderungen) erfolgt ist.

§ 6. 1. Urteile, die bis zum Inkrafttreten des Gesetzes die Einziehung eines Vermögens verfügt haben, bleiben in Kraft.

2. Die Aufhebung der Beschlagnahme, Zwangsaufsicht oder Zwangsverwaltung eines Vermögens kann nur dann erfolgen, wenn sich das Vermögen am Tage des Inkrafttretens des Gesetzes noch im Besitze des Eigentümers befunden hat.

§ 7. 1. Die Kosten eines eingestellten Verfahrens fallen der Staatskasse zur Last.

2. Soweit auf eine Freiheitsstrafe oder den Verlust der öffentlichen Rechte und bürgerlichen Ehrenrechte erkannt ist, werden die noch nicht erhobenen Verfahrenskosten erlassen.

§ 8. Die Ausführung dieser VO wird dem Ministerpräsidenten und allen Ministern übertragen.

§ 9. Die Verordnung tritt mit ihrer Veröffentlichung in Kraft.

IV.
Wichtigste strafrechtliche Nebengesetze

Seite

1.

Gesetz vom 28. März 1952 betr. das Devisenstrafrecht

— DzU 1952, Nr. 21, Pos. 134; —
— veröff.: 5. 5. 1952 —

Art. 1. § 1. Wer ohne Genehmigung oder deren Bedingungen zuwider Devisenwerte umsetzt
— wird mit Gefängnis von 2 bis zu 10 Jahren und mit Geldstrafe bestraft.

§ 2. Wer eine in § 1 beschriebene Tat an Devisenwerten in besonders großem Umfang ausübt oder sich aus dem Umsatz mit Devisen eine ständige Erwerbsquelle macht,
— wird mit Gefängnis nicht unter 5 Jahren und mit Geldstrafe oder mit lebenslänglichem Gefängnis und mit Geldstrafe bestraft.

§ 3. In leichten Fällen, insbesondere dann, wenn der Täter einer in § 1 beschriebenen Tat Umsätze mit Devisenwerten in kleiner Menge getätigt hat,
— wird mit Gefängnis bis zu 2 Jahren oder Haft bis zu 3 Jahren und auf Geldstrafe erkannt.

§ 4. Im Falle der Verurteilung für eine in § 1 oder 2 beschriebene Tat, kann das Gericht die Einziehung des ganzen Vermögens des Verurteilten oder eines Teiles desselben verhängen.

Art. 2. § 1. Wer bei der Überführung von Devisenwerten über die polnische Staatsgrenze sich der Devisenkontrolle entzieht,
— wird mit Gefängnis bis zu 5 Jahren und mit Geldstrafe bestraft.

§ 2. Die gleiche Strafe trifft denjenigen, der sich der Devisenkontrolle entzieht, während er über die polnische Staatsgrenze Gebrauchsgegenstände aus Gold oder Platin oder andere edle Metalle, Edelsteine oder Kostbarkeiten, die in den Devisenbestimmungen bezeichnet sind, führt.

§ 3. Wer sich aus der Begehung der in den §§ 1 und 2 beschriebenen Straftaten eine ständige Erwerbsquelle geschaffen hat,
— wird mit Gefängnis nicht unter 5 Jahren und mit Geldstrafe bestraft.

Art. 3. § 1. Wer ohne Genehmigung im Inlande Devisenwerte besitzt,
— wird mit Gefängnis von 1 bis zu 5 Jahren und mit Geldstrafe bestraft.

§ 2. Wer eine in § 1 beschriebene Straftat an Devisenwerten in großer Menge ausübt,
— wird mit Gefängnis von 5 bis zu 10 Jahren und mit Geldstrafe bestraft.

§ 3. Wer eine in § 1 beschriebene Straftat an Devisenwerten in geringen Mengen ausübt,
— wird mit Haft bis zu 6 Monaten oder mit Geldstrafe bestraft.

Art. 4. § 1. Wer seinen Verpflichtungen, die in den Devisenbestimmungen beschrieben sind, zuwider seine Auslandsforderungen nicht einzieht,
— wird mit Gefängnis bis zu 2 Jahren bestraft.

§ 2. Wer Auslandsverbindlichkeiten in einer Weise oder in einem Zeitpunkt einzieht, der mit den Devisenbestimmungen im Widerspruch steht,
— wird mit Haft bis zu 1 Jahr bestraft.

Art. 5. § 1. Wer entgegen der Verpflichtung, die in den Devisenbestimmungen beschrieben ist, sein Auslandsvermögen oder seine Auslandsforderungen nicht zum Aufkauf anbietet,
— wird mit Gefängnis bis zu 3 Jahren und mit Geldstrafe bestraft.

§ 2. Wer entgegen der Verpflichtung, die in den Devisenbestimmungen beschrieben ist, sein Auslandsvermögen oder seine Auslandsforderungen nicht anmeldet,
— wird mit Haft bis zu 2 Jahren und mit Geldstrafe bestraft.

§ 3. Die in § 2 vorgesehene Strafe trifft auch denjenigen, der entgegen der Verpflichtung, die in den Devisenbestimmungen beschrieben ist, die in seinem Besitz oder seiner Verwaltung befindlichen Vermögenswerte eines Devisenausländers oder die Verbindlichkeiten gegenüber dem Ausland nicht zur Anmeldung bringt.

Art. 6. § 1. Wer ohne Genehmigung oder deren Bedingungen zuwider über sein Auslandsvermögen oder seine Auslandsforderungen verfügt,
— wird mit Gefängnis bis zu 3 Jahren und mit Geldstrafe bestraft.

§ 2. Verfügt der Täter nur über Vermögen von geringem Wert oder sind seine Auslandsforderungen unerheblich, dann
— wird er mit Haft bis zu 1 Jahr oder mit Geldstrafe bestraft.

Art. 7. § 1. Wer seinen Umsätzen oder Verrechnungen andere Kurse von Devisen oder von ausländischem Geld zugrunde legt, als sie auf Grund der geltenden Bestimmungen festgesetzt sind,
— wird mit Haft bis zu 2 Jahren bestraft.

§ 2. Wer andere Kurse von Devisen oder von ausländischem Geld veröffentlicht, als sie von der hierzu berufenen Institution festgesetzt sind,

— wird mit Haft bis zu 1 Jahr bestraft.

Art. 8. Wer zum Zwecke der Erwirkung einer Genehmigung für sich oder eine andere Person Angaben macht, die unwahr sind,
— wird mit Gefängnis bis zu 2 Jahren bestraft.

Art. 9. In leichteren Fällen von Devisendelikten kann das Gericht eine außerordentliche Strafmilderung anwenden und sogar von Strafe absehen.

Art. 10. § 1. Im Falle der Verurteilung für eine Straftat gem. Artikel 1, 2 oder 3, erkennt das Gericht auf den Verfall der Objekte der Straftat ohne Rücksicht auf die Eigentumsverhältnisse.

§ 2. Das Gericht kann vom Verfall der Objekte der Straftat, wie sie in § 1 beschrieben sind, Abstand nehmen, sofern der Eigentümer sie in Übereinstimmung mit den Devisenbestimmungen besessen hat und der Täter sie im Wege einer Straftat erworben hat.

Art. 11. Die in diesem Gesetz benutzten Redewendungen: „Devisenwerte", „Umsatz mit Devisenwerten" und „Devisenausländer" und das Wort „Genehmigung" bezeichnen Begriffe, wie sie im Devisengesetz vom 23. März 1952 festgelegt sind.

Art. 12. Zur Rechtsprechung in Straftaten, die Gegenstand dieses Gesetzes bilden, sind die Wojewodschaftsgerichte berufen.

Art. 13. Die Ausführung des Gesetzes wird dem Justizminister und dem *Generalprokurator der Republik*[93]) übertragen.

Art. 14. Das Gesetz tritt nach Ablauf von 30 Tagen seit dem Tage seiner Verkündung in Kraft.

2.

Dekret vom 4. März 1953
betr. die Ergänzung der Strafbestimmungen in Strafsachen wegen Nichterfüllung der Pflichtablieferungen

— DzURP 1953, Nr. 14, Pos. 55; —
— veröff.: 13. 3. 1953 —

Art. 1. 1. Das Kollegium beim Präsidium des Kreis-Nationalrates setzt bei der Verhängung einer Geldstrafe für die Nichterfüllung von Pflichtablieferungen an Getreiden, Schlachtvieh, Milch oder Kartoffeln, in seinem Spruch zugleich auch eine Ersatz-Haftstrafe für den Fall der Nichtbezahlung der Geldstrafe fest, wobei ein Hafttag jeweils einer Geldstrafe von 15 Zl. gleichgesetzt wird.

[93]) Jetzt: Generalprokurator der Polnischen Volksrepublik.

2. Die Ersatzhaftstrafe kann im Einzelfall sechs Monate nicht überschreiten.

Art. 2. 1. Die Ersatzhaftstrafe wird vollstreckt, falls der zu Geldstrafe Verurteilte diese nicht binnen 7 Tagen seit Zustellung der Zahlungsaufforderung bezahlt .

2. Die Ersatzhaftstrafe wird durch die Bürgermiliz vollstreckt.

3. Zwecks Vollstreckung der Ersatzhaftstrafe übersendet das Präsidium des Kreis-Nationalrates der Bürgermiliz die Abschrift des Spruches unter gleichzeitiger Feststellung, daß die Geldstrafe nicht fristgemäß eingezahlt worden ist.

Art. 3. 1. Sofern eine Geldstrafe vor Inkrafttreten dieses Dekretes verhängt worden ist, erläßt das Kollegium beim Präsidium des Kreis-Nationalrates, das die Geldstrafe verhängt hatte, eine Spruchergänzung, durch welche die Ersatz-Haftstrafe nach den allgemeinen Grundsätzen dieses Dekretes festgesetzt wird. Der Spruch über die Ersatzhaftstrafe unterbleibt, falls der Bestrafte inzwischen die Pflichtablieferung ausgeführt oder die Geldstrafe bezahlt hat.

2. Eine Abschrift des Spruches (Abs. 1) wird dem Bestraften zugestellt.

3. Die Ersatzhaftstrafe wird vollstreckt, falls der Bestrafte die Geldstrafe nicht binnen 7 Tagen seit Zustellung der Spruchabschrift bezahlt.

Art. 4. Die Ausführung des Dekretes wird übertragen dem Vorsitzenden des Ministerrates, den zuständigen Ministern, dem *Vorsitzenden des Zentralamtes für Aufkauf und Kontraktation*[94]), sowie dem Generalprokurator der Polnischen Volksrepublik.

Art. 5. Das Dekret tritt mit dem Tage seiner Verkündung in Kraft.

3.

Dekret vom 22. Oktober 1951 über die Personalausweise

— DzURP 1951, Nr. 55, Pos. 382 —

— veröff.: 27. 10. 1951 —

Auszug!

Abschnitt 1. Der Besitz von Personalausweisen.

Art. 1. Jeder polnische Staatsangehörige, der im Inland wohnt, ist seit Beendigung des 18. Lebensjahres verpflichtet, einen Personalausweis zu besitzen.

. . . pp . . .

---

[94]) Diese Behörde wurde aufgehoben gem. Dekr. v. 25. 8. 1953 über die Bildung des Ministeriums für Aufkauf (DzU Nr. 20, Pos. 77).

Art. 7. 1. Es ist verboten, einen Personalausweis oder eine vorläufige Legimationskarte bei der Arbeitseinstellung oder als Pfand zur Sicherung der Ausführung einer Leistung einzubehalten.

2. . . . pp . . .

Abschnitt 2. Das Verfahren in Sachen der Personalausweise.

. . . pp . . .

Abschnitt 3. Strafbestimmungen.

Art. 19. Wer seine Verpflichtung zum Besitz eines Personalausweises oder einer vorläufigen Legitimationskarte verletzt,
— wird mit Haft bis zu 2 Jahren oder mit Geldstrafe bis zu 10 000 Zloty oder mit beiden Strafen zusammen bestraft.

Art. 20. Wer sich mit einem fremden Personalausweis oder einer fremden vorläufigen Legitimationskarte ausweist,
— wird mit Gefängnis bis zu 3 Jahren bestraft.

Art. 21. Wer einen Personalausweis oder eine vorläufige Legitimationskarte in das Ausland befördert, trägt oder versendet,
— wird mit Gefängnis bis zu 3 Jahren bestraft.

Art. 22. Wer die Vorschrift des Artikel 7, Abs. 1 verletzt,
— wird mit Geldstrafe bis zu 3000 Zloty bestraft.

2. Wer eine andere Bestimmung dieses Dekretes oder in Ausführung dieses Dekretes erlassene Vorschriften verletzt,
— wird mit Geldstrafe bis zu 5000 Zloty bestraft.

Art. 23. Die Rechtsprechung in Strafsachen gem. Artikel 22 erfolgt im verwaltungsstrafrechtlichen Verfahren.

Abschnitt 4. Schlußbestimmungen.

Art. 24. 1. Die Bestimmungen der Abschnitte 1 und 2 finden auf Soldaten im aktiven Wehrdienst keine Anwendung.

2. . . . pp . . .

. . . pp . . .

Art. 29. Dieses Dekret tritt mit dem Tage seiner Verkündung in Kraft.

4.

Dekret vom 19. August 1954 über die Auslandspässe

— DzURP 1954, Nr. 39, Pos. 170 —

— veröff.: 2. 9. 1954 —

(Auszug)

Art. 1. Ein polnischer Staatsangehöriger kann die Grenzen der Polnischen Volksrepublik nur auf Grund eines wirksamen Auslandspasses überschreiten, sofern die Sonderbestimmungen nichts anderes besagen.

Art. 2—14. . . . pp . . .

Art. 15. 1. Das Amt, das den Paß erteilt hat, kann ihn aus wichtigen Gründen für unwirksam erklären und seine Rückgabe verfügen.

2. In dringenden Fällen kann eine polnische diplomatische oder konsularische Dienststelle den Paß einbehalten und bei dem Amt, welches den Paß erteilt hat, die Unwirksamkeitserklärung beantragen.

Art. 16. 1. Der Inhaber eines gewöhnlichen oder eines Dienstpasses ist verpflichtet, seine Ankunft im Auslande bei der nächsten polnischen diplomatischen oder konsularischen Dienststelle anzumelden, sofern eine solche Dienststelle in diesem Lande besteht.

2. Die Fristen und das Verfahren bei der Erfüllung der Meldepflicht gem. Abs. 1 wird der Minister für Auswärtiges durch Verordnung bestimmen.

Art. 17. Der Paß ist binnen 3 Tagen nach Rückkehr aus dem Ausland der Behörde, die ihn erteilt hat, zurückzugeben.

Art. 18—21. . . . pp . . .

Art. 22. 1. Geht der Paß im Inland verloren, dann ist hiervon das Amt, das ihn erteilt hat und das nächste Kommissariat oder die nächste Wache der Bürgermiliz zu benachrichtigen. Bei Verlust des Passes im Auslande ist hiervon die nächste polnische diplomatische oder konsularische Dienststelle zu benachrichtigen.

2. . . . pp . . .

3. Wer einen Paß im Inland findet ist verpflichtet, ihn unverzüglich bei dem nächsten Kommissariat oder der nächsten Wache der Bürgermiliz abzuliefern. Ein polnischer Staatsangehöriger, der einen polnischen Paß im Ausland findet ist verpflichtet, ihn unverzüglich bei der nächsten diplomatischen oder konsularischen Dienststelle abzuliefern.

Art. 23. 1. Wer die Bestimmungen der Art. 15, 16 oder 17 verletzt
— wird mit Geldstrafe bis zu 1000 Zloty bestraft.

2. Wer die Bestimmungen des Art. 22 Abs. 1 oder 3 verletzt
— wird mit Geldstrafe bis zu 3000 Zloty bestraft.

3. Die Rechtsprechung erfolgt im verwaltungsstrafrechtlichen Verfahren. Die örtliche Zuständigkeit zur Rechtsprechung in Fällen einer Täterschaft im Auslande wird durch den Wohnort oder Aufenthaltsort des Beschuldigten im Inland bestimmt. Falls der Beschuldigte im Inland weder einen Wohn- noch Aufenthaltsort besitzt, wird die örtliche Zuständigkeit nach dem letzten Wohn- oder Aufenthaltsort im Inland bestimmt und falls auch diese fehlen — ist das Präsidium desjenigen Nationalrates zuständig, der vom Ministerrat zu bestimmen ist.

Art. 24—25. . . . pp . . .

Art. 26. Aufgehoben wird das Paßgesetz v. 14. Juli 1936 (DzU 1949, Nr. 34, Pos. 254).

Art. 27. Das Dekret tritt am Tage seiner Verkündung in Kraft.

5.

Gesetz vom 10. Juli 1952 über das Urheberrecht

— DzURP 1952, Nr. 34, Pos. 234; —
— veröff.: 31. 7. 1952 —

(Auszug)

Art. 59. § 1. Wer sich eine fremde Urheberschaft aneignet,
— wird mit Haft bis zu 2 Jahren und mit Geldstrafe bis zu 50 000 Zloty oder mit einer dieser Strafen bestraft.

§ 2. Wer in anderer Weise ein fremdes Urheberrecht verletzt, um sich materielle oder persönliche Vorteile zu verschaffen,
— wird mit Haft bis zu 1 Jahr und mit Geldstrafe bis zu 30 000 Zloty oder mit einer dieser Strafen bestraft.

§ 3. Straftaten gem. § 2 werden nur auf Privatklage hin verfolgt.

Art. 60. In Strafsachen wegen Verletzung von Urheberrechten kann das Gericht auf Antrag des Verletzten die Veröffentlichung des Urteils auf Kosten des Verurteilten anordnen.

Art. 61. Die Bestimmungen dieses Gesetzes beziehen sich auch auf Urheberrechte, die am Tage seines Inkrafttretens bereits vorhanden waren.

. . . pp . . .

Art. 67. Das Gesetz tritt mit seiner Verkündung in Kraft.

6.

Dekret vom 16. November 1945 über die Bildung und den Aufgabenbereich der Sonderkommission zur Bekämpfung der Übergriffe und der Wirtschaftssabotage

— DzURP 1945, Nr. 53, Pos. 302 —
in der Fassung des Gesetzes vom 20. Juli 1950, einheitlicher Wortlaut:
— DzURP 1950, Nr. 41, Pos. 374 —
— veröff.: 19. 9. 1950 —
aufgehoben durch Dekr. v. 23. 12. 1954
DzURP 1954, Nr. 57, Pos. 282 mit Wirkung vom 31. 3. 1955

Art. 1. Zur Rechtsprechung in Strafsachen, die Interessen des Wirtschafts- oder Soziallebens des Staates verletzen, insbesondere wegen Unterschlagung von öffentlichem Vermögen, Korruption, Bestechung, Spekulation und Verursachung von Paniken, die das Ziel verfolgen, die Interessen der arbeitenden Massen zu verletzen, wird die Sonderkommission zur Bekämpfung von Übergriffen und der Wirtschaftssabotage gebildet, welche im weiteren Verlauf dieses Dekrets „Sonderkommission“ genannt wird.

Art. 2. 1. Die Sonderkommission besteht aus dem Vorsitzenden, seinem Vertreter und den Mitgliedern.

2. Der Vorsitzende der Sonderkommission, sein Vertreter und die Mitglieder werden durch den Staatsrat eingesetzt und abberufen.

Art. 3. Bei den Präsidien der Wojewodschafts-Nationalräte und bei den Präsidien der Nationalräte der Hauptstadt Warschau und der Stadt Lodz sind Delegaturen der Sonderkommission eingesetzt.

Art. 4. Die Delegaturen der Sonderkommission bestehen aus dem Vorsitzenden und den Mitgliedern, die mit Zustimmung des Vorsitzenden der Sonderkommission durch die Präsidien der Wojewodschafts-Nationalräte und in der Hauptstadt Warschau und der Stadt Lodz durch die Präsidien der Nationalräte dieser Städte eingesetzt werden.

Art. 5. 1. Die Sonderkommission und die Delegaturen der Sonderkommissionen üben die Rechtsprechung auf Antrag des Prokurators aus.

2. Die Sonderkommission und die Delegaturen der Sonderkommission sprechen Recht in einer Besetzung mit drei Mitgliedern.

Art. 6. Die Sonderkommission und die Delegaturen der Sonderkommissionen werden auf Antrag des Prokurators auch in solchen Fällen tätig, in denen die Handlungsweise des Täters auf seine Arbeitsscheu zurückgeführt werden muß oder die Gefahr der Begehung von Übertretungen oder von Akten der Wirtschaftssabotage heraufbeschwört wird.

Art. 7. 1. Die Sonderkommission und die Delegaturen der Sonderkommission können anordnen:

a) die Unterbringung des Täters in einem Arbeitslager für einen Zeitraum bis zu 2 Jahren und eine Geldstrafe bis zu 150000 Zl. oder eine von diesen Strafen.

b) den Verfall der Waren, welche die Straftat betrifft, der Einrichtungen eines im Eigentum des Täters stehenden Unternehmens, der Gegenstände, die mittelbar oder unmittelbar, aus der Straftat herrühren, soweit sie dem Täter gehören, und der Instrumente, welche bei der Begehung der Straftat benutzt wurden oder hierfür bestimmt waren,

c) die Schließung eines Unternehmens, die Entziehung der Handelsgenehmigung und der Industriegenehmigung und des Rechts zur Benutzung eines Geschäftslokals,

d) das Verbot des Aufenthalts des Täters in der Wojewodschaft seines bisherigen Aufenthaltsortes bis zur Dauer von 3 Jahren.

2. Bei der Verhängung einer Geldstrafe können die Sonderkommission oder die Delegaturen der Sonderkommission nach eigenem Ermessen die Geldstrafe für den Fall der Nichtbeitreibbarkeit in Arbeitslager bis zu 2 Jahren umwandeln und zwar unabhängig davon, daß der Täter bereits in ein Arbeitslager eingewiesen worden ist.

3. Wer ein gem. Abs. 1, Buchst. d) verhängtes Aufenthaltsverbot verletzt, kann durch die Sonderkommission oder durch die Delegaturen der Sonderkommission in ein Arbeitslager bis zur Dauer von 2 Jahren eingewiesen werden.

Art. 8. Im Falle der Verhängung einer Entscheidung, durch welche die Unterbringung im Arbeitslager angeordnet wird, können die Sonderkommission oder die Delegaturen der Sonderkommission auf die Dauer der Freiheitsentziehung den Zeitraum der vorläufigen Verhaftung ganz oder teilweise anrechnen.

Art. 9. Das Verfahren, das auf die Unterbringung des Täters im Arbeitslager gerichtet ist, wird ohne Beteiligung eines Verteidigers durchgeführt.

Art. 10. Die Vollstreckung von Entscheidungen der Sonderkommission und der Delegaturen der Sonderkommission werden vom Prokurator ausgeführt.

Art. 11. 1. Entscheidungen der Sonderkommission und der Delegaturen der Sonderkommission sind endgültig; gegen solche Entscheidungen gibt es keine Rechtsmittel.

2. Die Sonderkommission kann im Aufsichtswege eine Entscheidung, welche von einer Delegatur der Sonderkommission erlassen wurde, abändern und sich bestimmte Strafsachen oder die Entscheidung über die Unterbringung des Täters im Arbeitslager zur alleinigen Zuständigkeit vorbehalten.

3. Auf Antrag des Generalprokurators der Polnischen Volksrepublik kann die Sonderkommission im erweiterten Bestande, welcher durch den Vorsitzenden der Sonderkommission zu bestimmen ist, im Wege der Dienstaufsicht eine Entscheidung der Sonderkommission, welche gemäß Artikel 5, Abs. 2 erlassen wurde, abändern.

4. Der Generalprokurator der Polnischen Volksrepublik kann im Sinne der Bestimmungen des Strafprozeßkodex über die Strafvollstreckung die vorzeitige Entlassung einer Person anordnen, welche im Arbeitslager untergebracht ist, dieser eine Strafunterbrechung oder — im Benehmen mit dem Vorsitzenden der Sonderkommission — einen Strafaufschub gewähren. Die vorzeitige Entlassung kann erst erfolgen, wenn die im Arbeitslager untergebrachte Person wenigstens den dritten Teil des verhängten Zeitraums verbüßt hat.

Art. 12. 1. Der Haushalt der Sonderkommission wird vom Haushalt des Staatsrates mitumfaßt.

2. Die innere Verfassung, die Art der Amtsführung und der Verfahrensgang der Sonderkommission, insbesondere bezüglich der Bestimmungen über die Wiederaufnahme von Entscheidungen der Sonderkommission, setzt der Staatsrat fest.

Art. 13. Die Ausführung dieses Dekrets wird übertragen dem Vorsitzenden des Ministerrets und den Ministern: für Justiz, für Nationalverteidigung und für Öffentliche Sicherheit — jedem in seinem Zuständigkeitsbereich —.

Art. 14. Dieses Dekret tritt mit dem Tage seiner Verkündung in Kraft.

7.

Verordnung des Staatsrates vom 12. Oktober 1950 betr. die innere Verfassung, die Amtsführung und den Verfahrensgang der Sonderkommission zur Bekämpfung von Übergriffen und der Wirtschaftssabotage

DzURP 1950, Nr. 47, Pos. 429
— veröff.: 21. 10. 1950 —
aufgehoben durch Dekr. v. 23. 12. 1954
DzURP 1954, Nr. 57, Pos. 282 mit Wirkung vom 31. 3. 1955

Abschnitt I
Allgemeine Bestimmungen

§ 1. Aufgabe der Sonderkommission und ihrer Delegaturen ist die Rechtsprechung in Strafsachen, die in Artikel 1 und 6 des Dekrets vom 16. November 1945 über die Bildung und den Tätigkeitsbereich der Sonderkommission zur Bekämpfung von Übergriffen und der Wirtschaftssabotage (im weiteren Verlauf dieser Vorschriften abgekürzt „Dekret“ genannt) bestimmt werden.

§ 2. Die Sonderkommission und ihre Delegaturen entscheiden nicht in Sachen gegen Minderjährige, die bei der Begehung der Straftat das 17. Lebensjahr noch nicht beendet hatten.

§ 3. Die Rechtsprechung in Sachen der Sonderkommission und ihrer Delegaturen erfolgt ohne Teilnahme eines Verteidigers.

Abschnitt II
Die Sonderkommission

§ 4. Der Staatsrat ernennt den Vorsitzenden der Sonderkommission, seinen Vertreter und sieben Mitglieder.

§ 5. Der Vorsitzende der Sonderkommission leitet die Arbeiten der Kommission und ihrer Delegaturen und übt die Dienstaufsicht aus.

§ 6. Der Vorsitzende der Sonderkommission entscheidet Beschwerden gegen die Tätigkeit des Vertreters und der Mitglieder der Kommission und gegen die Tätigkeit der Vorsitzenden und der Mitglieder der Delegaturen.

§ 7. Falls der Vorsitzende der Sonderkommission an der Ausübung seiner Amtstätigkeit verhindert ist gehen alle seine Rechte auf seinen Vertreter über.

§ 8. Beschlüsse der Sonderkommission ergehen mit einfacher Stimmenmehrheit bei einer Beteiligung des Vorsitzenden oder seines Vertreters und von mindestens vier Mitgliedern der Kommission. Bei Stimmengleichheit entscheidet die Stimme des Vorsitzenden.

§ 9. Ein Beschluß der Kommission ist erforderlich für:

1. die Vorlage eines Entwurfs der Abänderung dieser Bestimmungen über die innere Verfassung, die Amtsführung und den Verfahrensgang der Sonderkommission beim Staatsrat,
2. die Festlegung der Richtlinien der Rechtsprechung der Kommission und ihrer Delegaturen,
3. Die Entscheidung in anderen Angelegenheiten, die der Kommission durch den Vorsitzenden vorgelegt werden.

§ 10. 1. Die Sonderkommission spricht Recht im Bestande von drei Mitgliedern, welche durch den Vorsitzenden der Kommission bestimmt werden.

2. In Sachen, die im Verfahren des Artikel 11, Abs. 3 des Dekrets erkannt werden, entscheidet die Sonderkommission in einem erweiterten Bestande von fünf Mitgliedern, welche durch den Vorsitzenden der Kommission zu bestimmen sind.

3. Entscheidungen der Sonderkommission ergehen mit Stimmenmehrheit.

§ 11. Die Sonderkommission spricht Recht in folgenden Sachen:

a) wegen Korruption, Bestechlichkeit, Verursachung von Paniken zum Zwecke der Schädigung der arbeitenden Massen,
b) in Sachen, in denen der Prokurator einen Antrag auf Erlaß eines Aufenthaltsverbots in der Wojewodschaft seines bisherigen Aufenthaltsortes gegen den Täter gestellt hat,
c) in anderen Sachen, welche der Prokurator aus Gründen der besonderen Begleitumstände an die Sonderkommission abgibt.

§ 12. 1. Über Sitzungen der Spruchkammer der Sonderkommission wird ein Protokoll angefertigt, welches vom Vorsitzenden der Spruchkammer und vom Schriftführer zu unterschreiben ist.

2. Die Entscheidungen sind von allen Mitgliedern der Spruchkammer zu unterzeichnen.

Abschnitt III

Delegaturen der Sonderkommission

§ 13. 1. Delegaturen der Sonderkommission bestehen aus dem Vorsitzenden und aus zwei bis fünf Mitgliedern, welche unter Zustimmung des Vorsitzenden der Sonderkommission durch die Präsidien der Wojewodschaftsnationalräte und in der Hauptstadt Warschau und der Stadt Lodz durch die Präsidien der Nationalräte dieser Städte berufen werden.

2. An der Spitze der Delegatur steht ihr Vorsitzender.

§ 14. Der Vorsitzende der Delegatur überträgt für die Dauer seiner Amtsbehinderung einem der Mitglieder der Delegatur seine Stellvertretung.

§ 15. 1. Die Delegaturen sprechen Recht in der Besetzung mit drei Mitgliedern, welche durch den Vorsitzenden der Delegatur zu bestimmen sind.

2. Die Bestimmungen des § 19, Abs. 3 und § 12 werden entsprechend auf die Delegaturen angewandt.

§ 16. 1. Die Delegaturen entscheiden in Sachen, welche in Artikel 1 und 6 des Dekrets genannt werden und zwar mit Ausnahme derjenigen, welche sich die Sonderkommission vorbehält.

2. Insbesondere entscheiden die Delegaturen in Sachen wegen Aneignung von Sozialvermögen, Spekulation, Schwarzschlachtung, unerlaubter Ledergerbung und Schwarzbrennerei.

Abschnitt IV

Organe der Sonderkommission und ihrer Delegaturen

§ 17. 1. Organe der Sonderkommission sind:

die Büros:

a) für Rechtsprechung
b) für Dienstaufsicht
c) für allgemeine Verwaltung

die Referate:

a) für Kadern
b) für Soziales.

2. Der Vorsitzende der Sonderkommission ernennt und entläßt die Direktoren der Büros und bestimmt das Verfahren bei der Ernennung und Entlassung anderer Mitarbeiter der Organe der Sonderkommission.

§ 18. Das Büro für Rechtsprechung bereitet die Sachen für die Spruchkammern der Sonderkommission vor und bearbeitet die ihm übertragenen Fragen auf dem Gebiete der Rechtsprechung.

§ 19. Das Büro für Dienstaufsicht leistet die Vorarbeiten auf dem Gebiete der Dienstaufsicht über die Rechtsprechung der Delegaturen und bearbeitet die ihm übertragenen Fragen der Aufsicht über die Tätigkeit der Delegaturen.

§ 20. Das Büro für Allgemeine Verwaltungssachen bearbeitet nachfolgende Angelegenheiten: Organisatorisch-verwaltungsmäßige, Haushaltssachen, Finanzsachen, Wirtschaftssachen, Berichterstattung und Statistik, Geschäftsstelle und Archiv.

§ 21. Das Referat für Kadern führt alle Arbeiten auf dem Gebiete des Personalwesens und der ideologischen und Berufsschulung der Mitarbeiter der Sonderkommission und ihrer Delegaturen aus.

§ 22. Das soziale Referat erledigt alle Sozialangelegenheiten der Mitarbeiter der Sonderkommission und ihrer Delegaturen.

§ 23. Die Organisation und den Zuständigkeitsbereich der Delegaturen der Sonderkommission und das Verfahren bei der Ernennung und Entlassung von Mitarbeitern dieser Organe wird vom Vorsitzenden der Sonderkommission bestimmt.

Abschnitt V
Schlußbestimmungen

§ 24. Die Mitglieder der Sonderkommission und ihrer Delegaturen leisten bei Übernahme ihrer Amtstätigkeiten eine Verpflichtung gem. der für Richter und Prokureure vorgesehenen Formel.

§ 25. Auf Gnadengesuche werden sinngemäß die Bestimmungen des Strafprozeßkodexes angewandt wobei die den Gerichten zustehenden Rechte entsprechend der Sonderkommission und ihren Delegaturen zustehen.

§ 26. Auf die Wiederaufnahme eines Verfahrens werden sinngemäß die Bestimmungen des Strafprozeßkodexes angewandt, wobei über die Zulassung der Wiederaufnahme in Sachen, die durch die Delegaturen entschieden wurden, die Sonderkommission in einer Besetzung mit drei Mitgliedern entscheidet und in Sachen, welche vor der Sonderkommission verhandelt wurden — eine Spruchkammer in der Besetzung mit fünf Mitgliedern der Kommission.

§ 27. Diese Verordnung tritt in Kraft mit dem Tage ihrer Verkündung. Gleichzeitig tritt außer Kraft die Verordnung des Staatsrates vom 18. Juli 1947 in Sachen der Bestimmung der Vorschriften betreffend die innere Verfassung, die Amtstätigkeit und die Verfahrensweise der Sonderkommission zur Bekämpfung von Übergriffen und der Wirtschaftssabotage (DzURP Nr. 47, Pos. 244).

8.

Gesetz vom 15. Dezember 1951 über die Rechtsprechung in Verwaltungs-Strafsachen

— DzURP 1951, Nr. 66, Pos. 454 —

(Auszug)

Art. 1. Die Rechtsprechung in Strafsachen, die von Rechts wegen dem Verwaltungsstrafverfahren unterliegen, erfolgt nach Maßgabe der Bestimmungen dieses Gesetzes.

Art. 2. 1. Die Bestimmungen dieses Gesetzes finden keine Anwendung in

1. Finanzstrafsachen,
2. in Sachen, die der verwaltungsstrafrechtlichen Judikatur solcher Gerichtsbehörden übertragen sind, die den Nationalräten nicht unterordnet sind.

2. Der Ministerrat kann im Verordnungswege alle oder auch nur bestimmte Sachen, die in Abs. 1 bezeichnet sind, zur Entscheidung im Verfahren dieses Gesetzes überweisen.

Art. 3. Die Rechtsprechung in den Strafsachen gemäß Artikel 1 erfolgt in einer der nachfolgenden Verfahrensarten:

a) vor dem Kollegium bei den Präsidien der Nationalräte,
b) — im Wege des Strafbefehls,
c) — im Wege des Strafmandats.

. . . pp . . .

Art. 8. 1. Im Verfahren dieses Gesetzes wird für eine strafbare Handlung diejenige Strafe verhängt, die in den einzelnen Rechtsbestimmungen vorgesehen ist, jedoch mit nachfolgenden Abweichungen:

1. Eine Haftstrafe wird nicht verhängt;
2. an Stelle einer vorgeschriebenen Haftstrafe wird die Strafe der Besserungsarbeit verhängt, wobei ein Tag Besserungsarbeit einem Hafttage gleichgesetzt wird;
3. die niedrigste Strafe der Besserungsarbeit ist ein Tag, die höchste — drei Monate;
4. die niedrigste Geldstrafe ist 3 Zloty, die höchste 3000 Zloty;
5. die Gesamtstrafenbildung aus der Besserungsarbeit und der Geldstrafe ist unzulässig;
6. sind die sozialen Folgen einer Tat gering, so kann an Stelle der in den gesetzlichen Bestimmungen vorgesehenen Strafen eine Verwarnungsstrafe stattfinden und in Ausnahmefällen das Verfahren eingestellt werden.

2. Die Strafe der Besserungsarbeit wird in Tagen, Wochen und Monaten verhängt.

. . pp . . .

Art. 10. 1. Die Strafe der Besserungsarbeit wird ohne Freiheitsentziehung verbüßt; von der Arbeitsentschädigung, die bei Ausübung der Besserungsarbeit gezahlt wird, werden 20% zu Gunsten des Staates eingezogen.

2. Personen, die in Einheiten der sozialisierten Wirtschaft, bei Behörden, in Ämtern, staatlichen- und sozialen Instituten, und Betrieben beschäftigt sind, verbüßen ihre Besserungsarbeit am Platze ihrer Beschäftigung.

3. Andere Personen verbüßen die Strafe der Besserungsarbeit an dem Ort, welcher von dem Präsidium des Nationalrates, das die Strafvollstreckung handhabt, zu bezeichnen ist. Das Präsidium des Nationalrats kann bei der Strafvollstreckung einer Strafe der Besserungsarbeit der betroffenen Person anstelle einer bezahlten Arbeit eine unentgeltliche Tätigkeit auferlegen, wobei ein Tag der unentgeltlichen Tätigkeit für 3 bis 5 Tage bezahlter Besserungsarbeit zu rechnen ist.

4. . . . pp . . .

Art. 11. Wer sich der Verbüßung der Strafe der Besserungsarbeit entzieht,

— wird mit Haftstrafe bis zur Dauer von 6 Monaten bestraft.

Art. 16. 1. Eine Verurteilung oder die Auferlegung eines Strafbefehls darf nicht erfolgen, wenn seit der Tat sechs Monate verflossen sind.

2. Die Vollstreckung einer Strafe darf nicht stattfinden, wenn seit der Rechtskraft der Kollegialentscheidung oder des Strafbefehls oder seit der Unterbrechung der Strafe sechs Monate vergangen sind. Die Verjährung einer Strafe läuft nicht während der Zeitdauer ihrer Aussetzung.

... pp ...

Art. 52. Soweit die Bestimmungen dieses Gesetzes nichts anderes besagen, werden die Vorschriften über das Verwaltungsverfahren angewandt, soweit sie betreffen: den Ausschluß von der Entscheidung in einer Sache, die Antragstellung, die Protokolle und die Aktenvermerke, die Ladungen und die Zustellungen, die Fristen, Beweismittel, Gebühren und die Kosten sowie die Ordnungsstrafen.

Art. 53. Auf die gemäß den Bestimmungen dieses Gesetzes verhandelten Sachen finden keine Anwendung:

1. Die Verordnung vom 22. 3. 1928 betr. das verwaltungsstrafrechtliche Verfahren;
2. Artikel 8, §§ 1 und 3, sowie Artikel 10—15 des Übertretungsrechts.

Art. 54. Außer Kraft gesetzt wird Artikel 20, § 1, Buchst. A, B und C des Dekrets vom 22. 2. 1946 betr. das Bürgergerichtsgesetz (DzURP 1946, Nr. 8, Pos. 64 und 1948 Nr. 23, Pos. 153).

... pp ...

V.

Wirtschaftsgesetze mit Strafbestimmungen

Seite

1.

Dekret vom 19. August 1946
betr. die Konzessionierung von Gerbereien, Anstalten für die Einsalzung und Trocknung von Rohfellen und gewissen Fabrikationsbetrieben für Schuhwerk und Transmissionsgurte

— DzURP 1946, Nr. 43, Pos. 250 —
— veröff.: 20. 9. 1946 —
(Auszug)

Art. 1. Einer Konzessionierung bedarf der Betrieb nachfolgender Unternehmen:
a) Gerbereien,
b) Anstalten und Werkstätten zur Einsalzung und Trocknung von Rohfellen,
c) mechanisierte Fabrikationsbetriebe für Schuhwerk und Transmissionsgurte, sofern in ihnen in einer Arbeitsschicht mehr als 20 Arbeiter beschäftigt werden.

Die in diesem Dekret gebräuchliche Bezeichnung „Unternehmen" bezeichnet jedes Unternehmen, jede Anstalt und jede Werkstätte, die in Abs. 1, Ziff. a) und b) bezeichnet wird, ohne Rücksicht auf die Größe und den Charakter der Produktion sowie Fabrikationsbetriebe für Schuhwerk und Transmissionsgurte in den gem. Abs. 1, Ziff. c) genannten Grenzen.

Die Pflicht der Erwirkung einer Konzession bezieht sich nicht auf Staatsbetriebe und auf Unternehmen, die unter staatlicher Verwaltung stehen.

Art. 2—4. . . . pp . . .

Art. 5. Wer, ohne im Besitz einer entsprechenden Konzession zu sein, gewerblich die Gerbung, Ausrüstung, Einsalzung und Trocknung von Rohfellen oder einen Fabrikationsbetrieb für Schuhwerk oder Transmissionsgurte, wie in Artikel 1, Ziff. c) bezeichnet, betreibt,

— wird mit Gefängnis bis zu 2 Jahren und mit Geldstrafe bis zu 30 000 Zloty oder mit einer von beiden Strafen bestraft.

Art. 6. Wer Gegenstände erwirbt oder zu irgend einem Zweck annimmt, obwohl es ihm bekannt ist, daß diese aus einer unerlaubten Produktion von Unternehmen stammen, die in Artikel 1, Abs. 1 genannt werden,
— wird mit Gefängnis bis zu 1 Jahr und mit Geldstrafe bis zu 9000 Zloty oder mit einer von diesen Strafen bestraft.

Art. 7. Wer Gegenstände veräußert, obwohl es ihm bekannt ist, daß diese aus einer unerlaubten Produktion von Unternehmen stammen, die in Artikel 1, Abs. 1 genannt werden,
— wird mit Gefängnis bis zu 2 Jahren und mit Geldstrafe bis zu 30 000 Zloty oder mit einer dieser Strafen bestraft.

Art. 8. In Fällen von geringerer Bedeutung kann das Gericht eine außerordentliche Strafmilderung vornehmen.

Art. 9. In Fällen der Verurteilung für Straftaten, die in den Artikeln 5—7 vorgesehen sind, auferlegt das Gericht als Zusatzstrafe die Einziehung der Objekte des Deliktes und der Geräte und Hilfsmittel die zu ihrer Herstellung gebraucht wurden.

Art. 10—11. . . . pp . . .

Art. 12. Das Dekret tritt am Tage seiner Verkündung in Kraft.

2.

Dekret vom 19. September 1946 über den Umsatz mit Fellen

— DzURP 1946, Nr. 49, Pos. 281 —
— veröff.: 14. 10. 1946 —

(Auszug)

Art. 1. Der Umsatz und die Bewirtschaftung von Fellen wird auf dem ganzen Staatsgebiet der Reglementation und Staatskontrolle unterworfen.

Der Minister für die leichte Industrie kann im Wege einer im „Monitor Polski" zu veröffentlichenden Verordnung den Umsatz und die Bewirtschaftung von Fellen monopolisch einer juristischen Person des öffentlichen oder des Privatrechts übertragen.

Mit dem in diesem Dekret gebrauchten Wort „Felle" werden alle Felle von Hornvieh und Pferden im rohen, ausgestatteten oder gegerbten Zustand verstanden.

Art. 2—4. . . . pp . . .

Art. 5. Wer ohne die in Artikel 1, Abs. 2 vorgesehene Berechtigung Felle in den freien Umsatz bringt,
— wird mit Gefängnis bis zu 2 Jahren und Geldstrafe bis zu 30 000 Zloty oder mit einer von diesen beiden Strafen bestraft.

In Fällen von geringerer Bedeutung kann das Gericht eine außerordentliche Strafmilderung vornehmen.

Art. 6. Wer entgegen den Bestimmungen des Artikels 3 die in seinem Besitz befindlichen Felle nicht zur Registrierung meldet[95]),
— wird mit Haft bis zu 3 Monaten und mit Geldstrafe bis zu 900 Zloty oder mit einer von diesen Strafen bestraft.

Art. 7. Im Falle der Verurteilung für die in Artikel 5 und Artikel 6 genannten Taten erkennt das Gericht auf Verfall der Felle.

Art. 8. . . . pp . . .

Art. 9. Das Dekret tritt mit dem Tage seiner Verkündung in Kraft.

3.

Dekret vom 12. September 1947 über die Nachbarschaftshilfe in der Landwirtschaft

Änderungen: DzU 1950, Nr. 13, Pos. 125; 1952, Nr. 1, Pos. 7

— veröff.: 17. 9. 1947 —

(Auszug)

Art. 1. 1. Die Nachbarschaftshilfe in der Landwirtschaft bezweckt die Unterstützung von Landwirtschaften, die keine Zugkraft, landwirtschaftlichen Geräte oder Transportmittel besitzen, die die Voraussetzung des termingerechten Umpflügens, der Saat und der Ernte sind und umfaßt die Verpflichtung zur Gebrauchsüberlassung des Vorspanns und der landwirtschaftlichen Maschinen mitsamt der Bedienung nebst Zaumzeug, Wagen und landwirtschaftlichen Geräten.

2. Zu Dienstleistungen im Rahmen der Nachbarschaftshilfe sind verpflichtet die Besitzer (Eigentümer, Nutzungsberechtigten) von Landwirtschaften, die über eine Zugkraft und über landwirtschaftliche Maschinen verfügen.

3. Zur Inanspruchnahme dieser Hilfe sind berechtigt die Besitzer der in Abs. 1 bezeichneten Landwirtschaften, falls sie nicht über die zum Erwerbe einer Zugkraft, von landwirtschaftlichen und Transportgeräten erforderlichen Mittel verfügen.

4. Dieses Recht steht denjenigen Besitzern von Landwirtschaften nicht zu, die ohne einen wirtschaftlichen Grund ihre Pferde veräußert haben oder neben ihrer Landwirtschaft eine andere ergiebige Einnahmequelle besitzen.

. . . pp . . .

Art. 4. 1. . . . pp . . .

2. Dienstleistungen im Rahmen der Nachbarschaftshilfe sind entgeltlich. Die Gebührennormen werden auf Antrag des Präsidiums des *Gemeindenationalrates*[96]) vom Präsidium des zuständigen Kreisnationalrates nach Billigkeitsgrundsätzen und unter Berücksichtigung

---

[95]) Meldepflichtig sind ausgestattete oder gegerbte Felle in Mengen über 50 kg, Trockenfell, oder Oberleder von mehr als 20 qm binnen 30 Tagen seit Inkrafttreten des Dekr. (Art. 3).

[96]) Jetzt: Bauernschaftsnationalrat.

sowohl der Interessen der Berechtigten wie auch der Verpflichteten festgesetzt.

. . . pp . . .

Art. 8[97]. 1. Wer seine Verpflichtung zur Leistung der Nachbarschaftshilfe in derLandwirtschaft verletzt oder anderen die Erfüllung dieser Pflicht erschwert oder für seine Leistungen eine höhere Entschädigung, als die gemäß den Bestimmungen dieses Gesetzes festgesetzte, fordert,

— wird mit Haft bis zu 3 Monaten oder mit Geldstrafe bis zu 3000 Zloty oder mit beiden Strafen zusammen bestraft.

2. Wer entgegen seiner, kraft der von ihm eingenommenen Amts- oder Dienststellung, bestehenden Verpflichtung zur Organisierung der Nachbarschaftshilfe in der Landwirtschaft, diese Pflicht vernachlässigt oder sie in einer nicht im Einklang mit den Bestimmungen dieses Dekretes oder der auf seiner Grundlage erlassenen Verordnungen stehenden Weise erfüllt,

— wird mit Haft bis zu 6 Monaten oder mit Geldstrafe bis zu 6000 Zloty oder mit beiden Strafen zusammen bestraft, sofern die Straftat nicht durch andere gesetzliche Bestimmungen mit einer höheren Strafe bedroht wird.

3. Zur Rechtsprechung in den in Abs. 1 genannten Strafsachen sind die Kreisbehörden der allgemeinen Verwaltung berufen.

. . . pp . . .

Art. 10. 1. Dieses Dekret tritt mit dem Tage seiner Verkündung in Kraft und behält diese bis zum 31. Dezember 1949[98].

2. Der Ministerrat kann im Verordnungswege die Rechtskraft dieses Dekretes für weitere 3 Jahre verlängern.

4.

Gesetz vom 1. Juli 1949 betr. die Verpflichtung zur Teilnahme am bargeldlosen Zahlungsverkehr

DzURP 1949, Nr. 41, Pos. 294; (Änderungen: 1950, Nr. 44, Pos. 402)

— veröff.: 15. 7. 1949 —

(Auszug)

Art. 1. 1. Der Verpflichtung zum bargeldlosen Zahlungsverkehr sind unterworfen:

1. a) Staats-, staatlich verwaltete und *staatlich-genossenschaftliche Betriebe*[99], *kommunale* oder unter der Verwaltung *territorialer und interkommunaler Selbstverwaltungskörperschaften* stehende Betriebe, Genossenschaften, Zentralge-

---

[97] I. d. F. des Abänderungsgesetzes v. 20. 3. 1950 (DzU Nr. 13, Pos. 125).

[98] Durch VO des Ministerrates v. 28. 12. 1951 (DzU 1952, Nr. 1, Pos. 7) wurde die Rechtskraft bis zum 31. 12. 1954 verlängert.

[99] Die staatlich-genossenschaftlichen Betriebe wurden gem. dem Dekr. v. 26. 10. 1950 über staatliche Betriebe (DzU Nr. 49, Pos. 439) in Staatsbetriebe verwandelt.

nossenschaften und *genossenschaftlich-staatliche Zentralen*, Handelsgesellschaften an denen der Staat, *territoriale Selbstverwaltungskörperschaften*, öffentlich rechtliche Körperschaften, Genossenschaften, Zentralgenossenschaften und *genossenschaftlich-staatliche* Zentralen beteiligt sind, Unternehmen, die im Eigentum oder in der Verwaltung von Anstalten, juristischen Personen, Verbänden, Vereinigungen und Vereinen stehen, die unter Ziff. c) dieses Artikels aufgeführt werden;

b) Behörden und Ämter der Staats- *und Selbstverwaltung*, staatliche *und kommunale* Institutionen und Anstalten, deren Finanzwirtschaft ganz oder teilweise vom staatlichen *oder einem kommunalen* Budget umfaßt wird;

c) öffentlich-rechtliche Körperschaften, Banken, Kreditgenossenschaften, Versicherungsinstitutionen, selbstständige Fonds sowie andere juristische Personen mit Ausnahme der Handelsgesellschaften und Verbände, Vereinigungen und Vereine, die keine Rechtsfähigkeit besitzen,

2[100]. Unternehmen, Anstalten und Personen, die eine gewerbliche Tätigkeit ausüben, außer der in Ziff. 1 genannten, falls sie zur Führung von Büchern verpflichtet sind, die der Finanzminister im Verordnungswege bezeichnet wird.

2. Die Beteiligung der in Abs. 1, Ziff. 1, Buchst. b) genannte Behörden, Ämter, Institutionen und Anstalten am bargeldlosen Zahlungsverkehr wird durch die für sie verbindlichen Kassen- und Abrechnungsbestimmungen geregelt.

3. Die zur Beteiligung am bargeldlosen Zahlungsverkehr im Sinne der Absätze 1 und 2 Verpflichteten sind die am bargeldlosen Zahlungsverkehr Beteiligten im Sinne dieses Gesetzes.

Art. 2—12. . . . pp . . .

Art. 13. 1. Ein Arbeitnehmer eines in Artikel 1, Abs. 1, Ziff. 1 genannten am bargeldlosen Zahlungsverkehr Beteiligten, der eine sich aus Artikel 2 ergebende Verpflichtung nicht erfüllt hat,
— wird mit Gefängnis bis zu 2 Jahren und mit Zwangsgeld oder mit einer von diesen Strafen bestraft.

2. Wer andere Bestimmungen dieses Gesetzes oder von auf seiner Grundlage erlassenen Verordnungen nicht erfüllt,
— wird mit Geldstrafe bis zu 3000 Zloty bestraft.

Art. 14. 1. Ein am bargeldlosen Zahlungsverkehr Beteiligter, der in Artikel 1, Abs. 1, Ziff. 2 genannt wird, sowie der Verwalter seines Unternehmens und der Arbeitnehmer, der den in Artikel 3 genannten Verpflichtungen nicht nachkommt,
— wird mit Geldstrafe von **30** bis **30 000** Zloty bestraft.

2. Wer andere Bestimmungen dieses Gesetzes oder der hierzu ergehenden Verordnungen nicht erfüllt,
— wird mit Geldstrafe bis zu **3000** Zloty bestraft.

---

[100]) I. d. F. des Dekr. v. 21. 9. 1950 (DzU Nr. 44, Pos. 402).

Art. 15—17. . . . pp . . .

Art. 18. Dieses Gesetz tritt einen Monat nach seiner Verkündung in Kraft.

5.

Gesetz vom 4. Februar 1950 über den Feuerschutz und seine Organisation

— einheitl. Wortlaut: DzURP 1951, Nr. 58, Pos. 404 —
— veröff.: 13. 11. 1951 —
(Auszug)

Art. 15. Wer im Verlaufe einer Rettungsaktion die am Brandort vom Kommandanten der Feuerwehr getroffenen Anordnungen nicht erfüllt,
— wird mit Gefängnis bis zu 3 Jahren bestraft.

Art. 16. Wer:
1. die Erfüllung der Dienstobliegenheiten der Feuerwehr erschwert oder verhindert,
2. die Pflichten einer mit der Pflege oder Verwaltung von Objekten, die unter die Vorbeugungsmaßnahmen fallen, betrauten Aufsichtsperson, vernachlässigt (Artikel 6, Abs. 2),

— wird mit Gefängnis bis zu 10 Jahren bestraft.

Art. 17. Wer:
1. Feuerwehren durch falsche Alarme irreführt,
2. die Verordnungen und Anweisungen nicht erfüllt, die auf Grund dieses Gesetzes erlassen sind,

— wird mit Haft bis zu 3 Monaten oder mit Geldstrafe bis zu 4500 Zloty oder mit beiden Strafen zusammen bestraft.

2. Zur Rechtsprechung berufen sind die Präsidien der Nationalräte und der städtischen Nationalräte in den kreisfreien Städten.

. . . pp . . .

Art. 21. Das Gesetz tritt am Verkündungstage in Kraft.

6.

Gesetz vom 4. April 1950 über das Verbot der Schlachtung von Zuchtvieh

DzURP 1950, Nr. 18, Pos. 152;
— veröff.: 26. April 1950 —
(Auszug)

Art. 1. 1. Die Schlachtung von Zuchttieren für Approvisations- und Industriezwecke sowie zum Verbrauch in der eigenen Hauswirtschaft wird verboten. Als Zuchttiere im Sinne dieses Gesetzes werden angesehen:

1. Kühe, Stiere, Säue, Eber, Schafe und Böcke, die in die Wirtschaftsbücher für Fortpflanzungstiere im Sinne des Gesetzes

vom 5. März 1934 über die Beaufsichtigung der Rinder, Schweine- und Schafszucht (DzURP 1934, Nr. 40, Pos. 349 und 1946, Nr. 32, Pos. 203) verzeichnet sind.
2. Hengste und Stuten, die in Herdbücher im Sinne des Gesetzes vom 13. März 1934 betr. die Aufsicht über die Pferdezucht (DzURP 1946, Nr. 23, Pos. 154) eingetragen sind.
3. Das registrierte Jungvieh (weiblich und männlich) von Kühen, Säuen, Schafen und Stuten, die in Ziff. 1 und 2 genannt werden,
4. Kühe, Schweine, Schafe und Stuten, die offensichtlich trächtig sind,
5. anerkannte Zeugungstiere im Sinne des Gesetzes vom 5. März 1934 betr. die Aufsicht über die Zucht der Rinder, Schweine und Schafe.

2.—3. . . . pp . . .

Art. 2—3. . . . pp . . .

Art. 4. 1. Die Schlachtung von Haustieren in Schlachthäusern und anderen Schlachtanstalten kann erfolgen, soweit eine Bescheinigung in Form eines Vermerkes auf dem Abstammungsnachweis vorgelegt wird, wonach das Tier kein Zuchttier im Sinne des Artikels 1, Abs. 1, Ziff. 1, 2, 3, 5 ist oder die Eigenschaft eines Zuchttieres verloren hat (Artikel 2, Ziff. 1 und 2).

2. (Ausnahme: Notschlachtungen u. Pflichttötungen) . . . pp . . .

3. Der Landwirtschaftsminister bezeichnet im Wege der Verordnung das Verfahren und die Organe, die für die Ausstellung von Bescheinigungen im Sinne des Abs. 1 zuständig sind.

Art. 5. 1. Wer gegen die Bestimmungen der Artikel 1, Abs. 1, Artikel 4, Abs. 1 und die gem. Artikel 1, Abs. 3 dieses Gesetzes zu erlassenden Verordnung verstößt,
— wird mit Haft und mit Geldstrafe bis zu **15 000** Zloty oder mit einer von diesen Strafen bestraft.

2. Das Fleisch und die Produkte, die aus der Schlachtung der in Artikel 1 genannten Tiere herrühren, werden eingezogen.

Art. 6—7. . . . pp . . .

Art. 8. Das Gesetz tritt mit dem Tage seiner Verkündung in Kraft.

7.

Gesetz vom 8. Januar 1951 über die pharmazeutischen Mittel, Rauschgifte und sanitären Artikel

— DzURP 1951, Nr. 1, Pos. 4 —
— veröff.: 8. 1. 1951 —
(Auszug)

Art. 26. Wer pharmazeutische Mittel oder sanitäre Artikel nachmacht, verfälscht oder solche nachgemachte, verfälschte oder verdorbene in den Umsatz bringt, oder wer pharmazeutische Mittel und

sanitäre Artikel unter Verletzung der gem. Artikel 16, Abs. 1 erlassenen Vorschriften oder der in einer Genehmigung (Artikel 11 und 12) genannten Bedingungen herstellt, verwahrt oder in den Umsatz bringt,
— wird mit Gefängnis bis zu 3 Jahren und mit Geldstrafe bestraft.

Art. 27. Wer ohne Genehmigung pharmazeutische Mittel oder sanitäre Artikel herstellt oder in den Umsatz bringt oder wer unter Verletzung der Vorschrift des Artikels 9 pharmazeutische Mittel herstellt oder in den Umsatz bringt,
— wird mit Haft bis zu sechs Monaten und mit Geldstrafe bis zu 9000 Zloty oder mit einer von diesen Strafen bestraft.

Art. 28. Wer pharmazeutische Mittel bekanntmacht oder in anderer Weise derart anpreist, daß er Heilinformationen gibt, die irreführend sein können, oder wenn es sich um solche Mittel handelt, die zum Umsatz im Inland nicht zugelassen sind,
— wird mit Haft bis zu drei Monaten und mit Geldstrafe bis zu 4500 Zloty oder mit einer dieser Strafen bestraft.

Art. 29. Wer ohne Genehmigung oder nicht in Übereinstimmung mit den Bedingungen der Genehmigung Rauschgifte herstellt, verarbeitet, vom Auslande einführt, ins Ausland ausführt, transportiert, verwahrt oder in den Umsatz bringt,
— wird mit Gefängnis bis zu 5 Jahren und mit Geldstrafe bestraft.

Art. 30. Wer ohne ärztliche Anweisung Rauschgifte in Gesellschaft einer anderen Person genießt,
— wird mit Haft bis zu 1 Jahr und mit Geldstrafe oder mit einer dieser Strafen bestraft.

Art. 31. Im Falle einer Verurteilung für eine in Artikel 26, 27, 29 und 30 genannte Straftat kann auch die Einziehung des pharmazeutischen Mittels oder des Rauschgiftes oder des sanitären Artikels angeordnet werden, die den Gegenstand der Straftat bilden, sowie der Geräte und Einrichtungen, die zu ihrer Begehung dienten oder hierfür bestimmt waren.

Art. 32. Wer eine auf Grund des Artikels 18, Abs. 3 erlassene Vorschrift verletzt,
— wird mit Haft bis zu drei Monaten und mit Geldstrafe bis zu 4500 Zloty oder mit einer dieser Strafen bestraft.

Art. 33. Wer den Aufsichtsorganen die Ausführung ihrer Dienstobliegenheiten erschwert,
— wird mit Haft bis zu drei Monaten und mit Geldstrafe bis zu 4500 Zloty oder mit einer dieser Strafen bestraft.

Art. 34. In den Strafsachen gem. Artikel 28, 32 und 33 wird im verwaltungs-strafrechtlichen Verfahren entschieden.

. . . pp . . .

Art. 37. Das Gesetz tritt am Verkündungstage in Kraft.

8.

Gesetz vom 10. Juli 1952 über die Pflichtablieferung von Getreide

DzURP 1952, Nr. 32, Pos. 214; Änderung: DzU 1953, Nr. 33, Pos. 133; 1954, Nr. 31, Pos. 122;
— veröff.: 21. 7. 1952 —

(Auszug)

Art. 1. Den Landwirtschaften wird die Pflichtablieferung von Getreide auferlegt.

Art. 2. Zur Getreide-Pflichtablieferung sind verpflichtet:
1. individuelle Landwirtschaften,
2. Produktionsgenossenschaften,
3. Bodenbestellungsverbände,
4. staatliche Landwirtschaften, die dem Minister für die Staatlichen Landwirtschaften unterstellt sind,
5. andere sozialisierte Landwirtschaften.

Art. 3. Die Ablieferungspflicht umfaßt nachf. Getreidearten:
1. Roggen,
2. Weizen,
3. Gerste,
4. Hafer,
5. Getreidemischungen.

Art. 4. 1. Die Ablieferungspflicht für das betreffende Wirtschaftsjahr wird im einzelnen für jede Landwirtschaft festgesetzt.

2. Das Wirtschaftsjahr ist der Zeitraum vom 16. Juli bis zum 15. Juli des nächstfolgenden Jahres.

Art. 5. 1. Der Ministerrat setzt den alljährlichen staatlichen Plan der Getreide-Pflichtablieferung fest.

2. Im Rahmen des staatlichen Planes werden örtliche Getreide-Pflichtablieferungspläne aufgestellt. Der Ministerrat wird die Grundsätze und das Verfahren bei der Errichtung und Bestätigung der örtlichen Ablieferungspläne bestimmen.

Art. 6. Das *Zentralamt für Aufkauf und Kontraktation*[101]) plant, organisiert und beaufsichtigt die Erfüllung der Getreide-Pflichtablieferung.

Art. 7—27. . . . pp . . .

Art. 28[102]). 1. Wer seine Getreideablieferungspflicht nicht erfüllt oder wer die Verminderung der Qualität des abgelieferten Getreides verursacht,
— wird mit Geldstrafe bis zu 3000 Zloty bestraft.

---

[101]) Jetzt: Minister für Aufkauf.

[102]) Vgl. Dekr. v. 4. 3. 1953 über die Ergänzung der Strafbestimmungen in Strafsachen betr. die Nichterfüllung der Ablieferungspflichten (DzU Nr. 14, Pos. 55).

2. Die Rechtsprechung erfolgt im verwaltungsstrafrechtlichen Verfahren.

3. Ein gem. Abs. 1 eröffnetes Verfahren kann eingestellt werden, wenn der Täter vor Erlaß einer Entscheidung der entscheidenden Behörde die stattgefundene Erfüllung seiner Pflichtlieferung nachweist.

4[103]. Die Bestimmung des Abs. 3 findet keine Anwendung, sofern der Täter im laufenden oder im vorhergehenden Jahre bereits einmal für die Nichtausführung der Pflichtablieferung von Getreide oder anderer Pflichtablieferungen bestraft worden ist.

5[104]. Der Leiter einer staatlichen Landwirtschaft, die dem Minister für Staatliche Landwirtschaften unterstellt ist, der die Pflichtablieferung von Roggen nicht erfüllt oder ihre Qualität verschlechtert (Abs. 1),
— wird mit einem Zwangsgeld bis zu 1000 Zloty bestraft und falls diese Straftat die Voraussetzungen des in Artikel 22 beschriebenen Vergehens erfüllt,
— mit der in diesem Artikel genannten Strafe.

6[104]. Das Zwangsgeld (Abs. 5) wird vom Wojewodschaftsbeauftragten des Aufkaufsministeriums verhängt.

7[104]. Der Aufkaufminister wird im Benehmen mit dem Minister für Staatliche Landwirtschaften das Verfahren bei der Verhängung des Zwangsgeldes (Abs. 5) bestimmen.

Art. 29. Wer seine Ablieferungspflicht böswillig verletzt, die Erfüllung von Ablieferungspflichten durch andere Personen erschwert oder verhindert oder öffentlich zur Verletzung der Ablieferungspflichten aufruft,
— wird mit Gefängnis bis zu 3 Jahren oder mit Haft bis zu 3 Jahren bestraft.

Art. 30—36.

Art. 37. Das Gesetz tritt am Verkündungstage in Kraft.

9.

Dekret vom 28. August 1952 über die Pflichtablieferung von Kartoffeln

— DzURP 1952, Nr. 37, Pos. 255 —
Änderungen: DzU 1953, Nr. 33, Pos. 134, 1954, 31, 122;
— veröff.: 1. 9. 1952 —

Art. 1. Den Landwirtschaften wird die Pflichtablieferung von Kartoffeln auferlegt.

Art. 2[105]. Zur Pflichtablieferung von Kartoffeln sind verpflichtet:

[103]) I. d. F. d. Dekr. v. 24. 6. 1953 (DzU Nr. 33, Pos. 133).
[104]) Eingefügt durch Dekr. v. 24. 6. 1953 (DzU Nr. 33, Pos. 133).
[105]) I. d. F. d. Dekr. v. 24. 6. 1953 (DzU Nr. 33, Pos. 134).

1. individuelle Landwirtschaften,
2. Hausparzellen der Mitglieder von Produktionsgenossenschaften,
3. Produktionsgenossenschaften,
4. staatliche Landwirtschaften, die dem Minister für Staatliche Landwirtschaften unterstellt sind,
5. andere sozialisierte Landwirtschaften.

Art. 3. 1. Die Kartoffelablieferungspflicht wird alljährlich für jede Landwirtschaft für das ganze Wirtschaftsjahr festgestellt.

2. Als Wirtschaftsjahr gilt der Zeitabschnitt vom 1. September bis zum 31. August des folgendes Jahres.

Art. 4. 1. Der Ministerrat setzt für jedes Wirtschaftsjahr den staatlichen Plan der Kartoffel-Pflichtablieferungen fest.

2. Im Rahmen des staatlichen Planes werden die örtlichen Pläne für Kartoffelpflichtablieferungen ausgearbeitet. Der Ministerrat bezeichnet im Verordnungswege die Grundsätze und das Verfahren der Aufstellung und Genehmigung der örtlichen Ablieferungspläne.

Art. 5. Das *Zentralamt für Aufkauf und Kontraktation*[107]) plant, organisiert und überwacht die Erfüllung der Kartoffel-Pflichtablieferungen.

Art. 6—39. . . . pp . . .

Art. 40. 1. Wer seine Kartoffel-Ablieferungspflicht nicht erfüllt oder die Qualitätsminderung der gelieferten Kartoffeln verursacht,

— wird mit Geldstrafe bis zu 3000 Zloty bestraft.

2. Die Rechtsprechung erfolgt im verwaltungsstrafrechtlichen Verfahren.

3[106]). Der Leiter einer staatlichen Landwirtschaft, die dem Minister für staatliche Landwirtschaften unterstellt ist, der seine Kartoffelablieferungspflicht nicht erfüllt oder ihre Qualitätsminderung verursacht (Abs. 1),

— wird mit einem Zwangsgeld bis zu 1000 Zloty bestraft,

und, wenn diese Straftat die Merkmale eines in Artikel 41 bezeichneten Vergehens aufweist,

— mit der in diesem Artikel vorgesehenen Strafe.

4[107]). Das Zwangsgeld (Abs. 3) wird durch den Wojewodschaftsbeauftragten des Ministeriums für Aufkauf verhängt.

5[107]). Der Aufkaufminister wird im Benehmen mit dem Minister für Staatliche Landwirtschaften den Verfahrensgang bei der Verhängung des Zwangsgeldes gem. Abs. 3 bestimmen.

---

[106]) Jetzt: Minister für Aufkauf.

[107]) Eingefügt durch Dekr. v. 24. 6. 1953 (DzU Nr. 33, Pos. 134).

Art. 41. Wer seine Kartoffel-Ablieferungspflicht böswillig verletzt, die Erfüllung dieser Pflicht durch andere Personen erschwert oder verhindert oder öffentlich zur Verletzung dieser Pflicht aufruft,
— wird mit Gefängnis bis zu 3 Jahren oder mit Haft bis zu 3 Jahren bestraft.

Art. 42—46. . . . pp . . .

Art. 47. Das Dekret tritt mit dem Tage der Verkündung in Kraft.

10.

Dekret vom 9. Februar 1953 über die vollständige Bewirtschaftung des Ackerlandes

— DzURP 1953, Nr. 11, Pos. 40 —
— veröff.: 14. 2. 1953 —

(Auszug)

Art. 1. 1. Die Besitzer von Ackerland sind verpflichtet, dieses vollständig und gehörig zu bewirtschaften.

2. So oft in diesem Dekret vom Grundbesitzer gesprochen wird, wird darin diejenige Person verstanden, in deren Besitz das Grundstück sich befindet (z. B. der Eigentümer, der Pächter, der Nutznießer, der Verwalter).

Art. 2. . . . pp . . .

Art. 3. 1. Der Grundbesitzer, der sein Grundstück nicht vollständig und gehörig zu bewirtschaften vermag, ist verpflichtet, dies dem Präsidium des *Gemeindenationalrates*[108]) schriftlich vor Beginn der Frühjahrsbestellung, spätestens am 15. Februar, und vor Beginn der Herbstbestellung, spätestens am 1. August anzuzeigen.

2. In der Anzeige ist genau der Umfang des Grundstücks zu bezeichnen, das durch den Besitzer nicht gehörig bestellt werden kann, ferner auch die Ursache für diesen Umstand.

3. Die Anzeige befreit den Grundbesitzer nicht von der Verantwortlichkeit für die Nichtbewirtschaftung (Artikel 16 und 17) sofern im Verlaufe der Überprüfung festgestellt wird, daß die Anzeige unbegründet war.

Art. 4—15.

Art. 16. 1. Der Grundbesitzer, welcher der in Artikel 3 dieses Dekrets bezeichneten Verpflichtung zuwider sein Unvermögen der Bestellung des Grundstückes nicht anzeigt,
— wird mit Besserungsarbeit bis zu 1 Monat oder mit Geldstrafe bis zu 1000 Zloty bestraft.

2. Der Grundbesitzer der ohne entschuldbare Gründe sein Grundstück nicht vollständig und gehörig bestellt,

[108]) Jetzt: Bauernschafts- oder Siedlungsnationalrat.

— wird mit Besserungsarbeit bis zu 3 Monaten oder mit Geldstrafe bis zu 3000 Zloty bestraft.

3. Die Rechtsprechung erfolgt im verwaltungsstrafrechtlichen Verfahren.

Art. 17. 1. Ein Grundbesitzer, der das Grundstück böswillig nicht vollständig oder nicht gehörig bestellt,

— wird mit Gefängnis bis zu 3 Jahren oder mit Geldstrafe bis zu 10 000 Zloty oder mit beiden Strafen zusammen bestraft.

2. An Stelle der in Abs. 1 vorgesehenen Strafe oder auch zusätzlich kann der Verfall des Vermögens des Täters ganz oder teilweise sowie ein Verbot des Aufenthaltes des Täters in dem Kreise oder der Wojewodschaft seines bisherigen Aufenthaltsortes für die Dauer von 2 bis zu 5 Jahren verhängt werden.

3. Zur Rechtsprechung sind die Wojewodschaftsgerichte zuständig.

Art. 18. Die Bestimmungen dieses Dekretes finden keine Anwendung auf Grundstücke, die für nichtlandwirtschaftliche Zwecke benutzt werden oder die gemäß dem Nationalen Wirtschaftsplan im laufenden Wirtschaftsjahr für nichtlandwirtschaftliche Zwecke Verwendung finden sollen.

Art. 19. Die in Artikel 3, Abs. 1 bezeichnete Anzeigepflicht betr. das Unvermögen zur Bodenbestellung muß bezüglich der Frühjahrsbestellungen 1953 spätestens bis zum 1. März dieses Jahres erfüllt werden.

Art. 20—21. . . . pp . . .

Art. 22. Das Dekret tritt mit seiner Veröffentlichung in Kraft.

11.

Dekret vom 24. Juni 1953 betr. die Erzeugung und Verarbeitung von Spiritus

— DzURP 1953, Nr. 34, Pos. 143 —
— veröff.: 7. 7. 1953 —

Art. 1. 1. Die Herstellung, Destillierung und Konzentrierung von Spiritus aus einem anderen Produkt sowie die Erzeugung von Branntwein bedarf der Genehmigung des Ministers für Landwirtschaftliche- und Konsumindustrie. Die Erteilung einer Genehmigung kann von der Einhaltung bestimmter Bedingungen abhängig gemacht werden.

2. Die Genehmigung kann nur einem Unternehmen der sozialisierten Wirtschaft erteilt werden.

3. Staatsbetriebe sind von der Pflicht zur Erwirkung einer Genehmigung befreit.

Art. 2. Die Minister, denen die Anstalten für Herstellung, Verarbeitung und Verbrauch von Spiritus oder zur Herstellung von Branntwein unterstellt sind oder die diese Anstalten zu überwachen haben, üben in ihnen die Kontrolle des Produktionsprozesses aus und erlassen in diesem Bereich die entsprechenden Vorschriften.

Art. 3. 1. Wer ohne die benötigte Genehmigung Spiritus herstellt, destilliert oder konzentriert oder ihn aus einem anderen Produkt zieht oder Branntwein brennt,
— wird mit Haft bis zu 2 Jahren oder mit Geldstrafe bestraft.

2. Ebenso wird bestraft, wer denaturierten Spiritus entgällt oder in anderer Weise das Vergällungsmittel abschwächt.

Art. 4. Wer zur Schwarzbrennerei geeignete Geräte herstellt, verwahrt, veräußert oder erwirbt,
— wird mit Gefängnis bis zu 3 Jahren und mit Geldstrafe bestraft.

Art. 5. Wer aus unerlaubter Herstellung stammenden Spiritus oder ein solches alkoholisches Erzeugnis erwirbt, veräußert oder verwahrt,
— wird mit Haft bis zu 2 Jahren oder mit Geldstrafe bestraft.

Art. 6. 1. Wenn eine in den Artikel 3, 4 oder 5 bezeichnete Straftat erhebliche nachteilige Folgen für die Nationalwirtschaft gehabt hat, dann wird der Täter
— mit Gefängnis von 2 bis 5 Jahren und mit Geldstrafe bestraft.

2. Ebenso wird derjenige bestraft, der sich aus der Begehung der in den Artikeln 3, 4 oder 5 genannten Straftaten eine ständige Erwerbsquelle gemacht hat.

Art. 7. 1. Wenn die in dem Artikel 3, Abs. 2 genannte Straftat die Nationalwirtschaft nur unerheblich[109]) geschädigt hat, dann wird der Täter
— mit Besserungsarbeit bis zu 3 Monaten oder mit Geldstrafe bis zu 3000 Zloty bestraft.

2. Die Bestrafung findet im verwaltungs-strafrechtlichen Verfahren statt.

3. Der Minister für Landwirtschaftliche- und Konsumindustrie wird im Benehmen mit dem Justizminister und dem Generalprokurator der Polnischen Volksrepublik und mit Zustimmung des Vorsitzenden des Ministerrates im Verordnungswege bestimmen, welcher Schaden als unerheblich anzusehen ist.

Art. 8. In den Fällen der Artikel 3, 4, 5, 6 und Abs. 1 kann die Einziehung der Gegenstände, die den Gegenstand des Deliktes bilden oder zu seiner Begehung dienen oder bestimmt sind, selbst dann erfolgen, wenn diese dem Täter nicht gehören.

---

[109]) Hierzu VO v. 3. 9. 1953 betr. die Bestimmung des „geringfügigen Schadens“ bei der Bewirtschaftung von Spiritus (DzURP 1953, Nr. 2, Pos. 220): „. . . wenn die in Art. 3 Abs. 2 bezeichnete Tat nicht mehr als 1 Liter 100° Spiritus betrifft.“

Art. 9. 1. Der Ministerrat wird im Verordnungswege einen Zeitpunkt bestimmen, von dem ab die in Artikel 7, Abs. 1 bezeichneten Straftaten auf Grund der Bestimmungen über die verwaltungsstrafrechtliche Rechtsprechung geahndet werden.

2. Bis zum Erlaß einer Verordnung gem. Abs. 1 werden die Finanzorgane in der bisherigen Weise verfahren.

3. In Sachen, die vor Inkrafttreten dieses Dekretes wegen Vergehen und Übertretungen gemäß den Bestimmungen über das Spiritusmonopol, die mit keinen Freiheitsstrafen bedroht waren, eingeleitet worden sind, verfahren die Finanzorgane gem. den bisherigen Bestimmungen.

Art. 10. 1. Als Spiritus wird angesehen ein Erzeugnis, das durch Fermentation und Destillierung oder auf chemischem Wege hergestellt Äthylalkohol enthält.

2. Als Branntwein wird angesehen ein Erzeugnis, das aus einer Vermischung von Spiritus mit Wasser und gegebenenfalls aromatischen, Geschmack- und Farbstoffen hergestellt wird.

Art. 11. 1. Es treten außer Kraft:

1. Die Verordnung des Präsidenten der Republik vom 11. Juli 1932 betr. das Spiritusmonopol (DzU, Nr. 63, Pos. 586 mit späteren Änderungen).
2. die Bestimmungen des Dekrets vom 11. April 1947 betr. das Finanzstrafrecht (DzU, Nr. 32, Pos. 140 mit späteren Änderungen), soweit sie die Verletzung des Spiritusmonopols betreffen.

2. Die bisherigen Bestimmungen aus dem Bereich der Kontrolle des Produktionsprozesses und Umsatzes von Spiritus bleiben in Kraft bis zu ihrer Ersetzung durch die auf Grund des Artikel 2 dieses Dekretes und auf Grund der Bestimmungen des Dekretes vom 29. Oktober 1952 über die Bewirtschaftung von Artikeln des Warenumsatzes und der Versorgung (DzU, Nr. 44, Pos. 301) zu erlassenden Vorschriften.

3. Die bisherigen Vorschriften auf dem Gebiete des Handelns mit Spiritus und Branntwein bleiben in Kraft mit der Maßgabe, daß ihre Ausführung auf dem Gebiete des Einzelhandels zur Zuständigkeit des Ministers für den Innenhandel gehört.

Art. 12. Die bisherigen Bestimmungen auf dem Gebiete der Invalidenleistungen und -versorgung bleiben in Kraft, bis sie durch neue Vorschriften ersetzt werden.

Art. 13. Die Ausführung des Dekretes wird dem Vorsitzenden des Ministerrates, dem Vorsitzenden der Staatlichen Wirtschaftsplanungskommission, dem Minister für die Landwirtschaftliche und Konsumindustrie und den interessierten Ministern sowie dem Generalprokurator der Polnischen Volksrepublik übertragen.

Art. 14. Das Dekret tritt mit dem Tage seiner Verkündung in Kraft.

12.

Dekret vom 24. Juni 1953 über den Tabakanbau und die Herstellung von Tabakerzeugnissen

— DzURP 1953, Nr. 34, Pos. 144 —
— veröff.: 7. 7. 1953 —
(Auszug)

Art. 1. 1. Den Anbau von Tabakpflanzen können nur Personen betreiben, die hierzu besonders ermächtigt sind.

2. Ermächtigt ist derjenige, der einen Vertrag über die Bestellung und Lieferung von Tabak mit Institutionen oder Unternehmen geschlossen hat, die vom Minister für Landwirtschaftliche und Konsumindustrie bestimmt werden.

3.—7. . . . pp . . .

Art. 2. 1. Der aus dem Anbau herrührende Tabak ist restlos der Institution oder dem Unternehmen abzutreten, das vom Minister für Landwirtschaftliche und Konsumindustrie bestimmt wird. Dies betrifft nicht den Tabak, der für wissenschaftliche Forschungs- und Unterrichtszwecke bestimmt ist (Artikel 1, Abs. 3 u. 4).

2.—4 . . . pp . . .

Art. 4. 1. Wer ohne Genehmigung eine Tabakpflanze anbaut oder wer eine wildwachsende Tabakpflanze pflegt,
— wird mit Haft bis zu 1 Jahr und mit Geldstrafe bestraft.

2. Ebenso wird bestraft, wer Tabak verheimlicht, der aus seinem Tabakanbau herrührt oder wer Tabakerzeugnisse ohne die erforderliche Genehmigung oder unter Verstoß gegen die Auflagen der ihm erteilten Genehmigung herstellt.

Art. 5. Wer Tabak erwirbt, veräußert oder verwahrt, der aus einem unerlaubten Anbau oder Herstellung stammt oder ihn unter Verletzung des Artikel 2, Abs. 1 in den Umsatz bringt,
— wird mit Haft bis zu 1 Jahr und mit Geldstrafe bestraft.

Art. 6. 1. Wenn eine in den Artikeln 4 oder 5 genannte Tat eine erhebliche Schädigung der Nationalwirtschaft zur Folge hat, dann
— wird der Täter mit Gefängnis von 1 bis 5 Jahren und mit Geldstrafe bestraft.

2. Ebenso wird bestraft, wer eine in Artikel 4 oder 5 genannte Tat begangen hat, indem er sich hieraus eine ständige Erwerbsquelle geschaffen hat.

Art. 7. 1. Falls eine in Artikel 4 oder 5 bezeichnete Tat die Nationalwirtschaft nur unerheblich[110]) schädigt, dann

---

[110]) „Wenn die in Art. 4 Abs. 1 bezeichnete Tat nicht mehr als 20 Tabakpflanzen betrifft oder die in Art. 5 bezeichnete Tat im einmaligen Erwerb, Absatz oder in der Verwahrung von Tabak bis zur Höchstmenge von 1 kg besteht. (VO v. 3. 9. 1953 betr. die Bestimmung des geringfügigen Schadens bei der Bewirtschaftung des Tabaks — DzURP 1953, Nr. 45, Pos. 219).

— wird der Täter mit Besserungsarbeit bis zu 3 Monaten oder mit Geldstrafe bis zu 3000 Zloty bestraft.

2. Die Rechtsprechung erfolgt im verwaltungs-strafrechtlichen Verfahren.

2. Der Minister für Landwirtschaftliche und Konsumindustrie wird im Benehmen mit dem Justizminister und dem General-Prokurator der Polnischen Volksrepublik und mit Zustimmung des Vorsitzenden des Ministerrates im Verordnungswege bestimmen, welcher Schaden als unerheblich anzusehen ist.

Art. 8. In den Fällen der Artikel 4, 5, 6 und 7, Abs. 1 kann die Einziehung der Gegenstände erfolgen, die den Gegenstand des Deliktes bilden oder die zu seiner Begehung bestimmt sind und zwar selbst dann, wenn sie dem Täter nicht gehören.

Art. 9—12. . . . pp . . .

Art. 13. Das Dekret tritt mit dem Tage seiner Verkündung in Kraft.

13.

Dekret vom 1. Dezember 1953 über die Pflichtablieferung von Schlachtvieh

— DzURP 1953, Nr. 50, Pos. 244; —
— veröff.: 11. 12. 1953 —

(Auszug)

Art. 1. Den Landwirtschaften wird die Pflichtablieferung von Schlachtvieh nach den Richtlinien dieses Dekrets auferlegt.

Art. 2. Der Ablieferungspflicht von Schlachtvieh unterliegen:

1. individuelle Landwirtschaften,
2. Hausparzellen der Mitglieder von Produktionsgenossenschaften,
3. Produktionsgenossenschaften,
4. staatliche Landwirtschaften, die dem Minister für die Staatlichen Landwirtschaften unterstellt sind,
5. die übrigen Landwirtschaften, die staatlichen, genossenschaftlichen und sozialen Institutionen gehören.

Art. 3. Der Ministerrat setzt den alljährlichen staatlichen Plan der Pflichtablieferung von Schlachtvieh fest.

Art. 4. Im Rahmen des staatlichen Planes plant, organisiert und beaufsichtigt der Minister für Aufkauf die Erfüllung der Pflichtablieferung von Schlachtvieh.

Art. 5—23. . . . pp . . .

Art. 24[111]**.** 1. Wer die ihn betreffende Pflichtablieferung von Schlachtvieh nicht ausführt,
— wird mit Geldstrafe bis zu 3000 Zloty bestraft.

2. Die Rechtsprechung erfolgt im verwaltungs-strafrechtlichen Verfahrenswege.

3.[102]) Der Leiter einer staatlichen Landwirtschaft, die dem Minister für Staatliche Landwirtschaften unterstellt ist, wird bei Begehung einer in Abs. 1 genannten Übertretung,
— mit Geldstrafe bis zu 1000 Zloty bestraft.

4.[102]) Die Geldstrafe (Ans. 3) wird auferlegt durch den Wojewodschaftsbevollmächtigten des Ministeriums für Aufkauf.

Art. 25. Wer böswillig seine Ablieferungspflicht an Schlachtvieh nicht nachkommt, die Erfüllung dieser Pflicht durch andere Personen erschwert oder verhindert oder öffentlich zur Verletzung dieser Pflicht aufruft,
— wird mit Gefängnis bis zu 3 Jahren oder mit Haft bestraft.

Art. 26—27 . . . pp . . .

Art. 28. Das Gesetz tritt am 1. Januar 1954 in Kraft.

14.

Dekret vom 1. Dezember 1953 über die Pflichtablieferung von Milch

— DzURP 1953, Nr. 50, Pos. 245 —
— veröff.: 11. 12. 1953 —

(Auszug)

Art. 1. Den Landwirtschaften und Milchwirtschaften wird die Pflichtablieferung von Milch auferlegt.

Art. 2. Zur Pflichtablieferung von Milch sind verpflichtet:
1. individuelle Landwirtschaften,
2. individuelle Milchwirtschaften in Städten,
3. Hausparzellen der Mitglieder von Produktionsgenossenschaften,
4. Produktionsgenossenschaften,
5. staatliche Landwirtschaften, die dem Minister für die Staatlichen Landwirtschaften unterstellt sind,

6. andere Landwirtschaften, die staatlichen, genossenschaftlichen und sozialen Institutionen gehören.

Art. 3. Der Ministerrat setzt den alljährlichen staatlichen Plan der Pflichtablieferung von Milch fest.

---

[111]) Vgl. Dekr. v. 4. 3. 1953 über die Ergänzung von Strafbestimmungen in Strafsachen wg. Nichterfüllung der Pflichtablieferungen (DzU Nr. 14, Pos.55).

Art. 4. Im Rahmen des staatlichen Planes plant und beaufsichtigt der Minister für Aufkauf im Benehmen mit dem Minister für Fleisch- und Milchindustrie die Erfüllung der Pflichtablieferungen.

Art. 5—23. . . . pp . . .

Art. 24[112]**.** 1. Wer seine Milchablieferungspflicht nicht zu den festgesetzten monatlichen Terminen erfüllt oder die Qualität der abgelieferten Milch verschlechtert,
— wird mit Geldstrafe bis zu 3000 Zloty bestraft.

2. Die Rechtsprechung erfolgt im verwaltungsstrafrechtlichen Verfahrenswege.

3. Der Leiter einer staatlichen Landwirtschaft, die dem Minister für staatliche Landwirtschaften unterstellt ist, wird bei Begehung einer in Abs. 1 genannten Übertretung,
— mit Geldstrafe bis zu 1000 Zloty,
und, wenn diese Straftat die Merkmale eines in Artikel 25 bezeichneten Vergehens besitzt,
— mit der in diesem Artikel vorgesehenen Strafe bestraft.

4. Die Geldstrafe (Abs. 3) wird durch den Wojewodschaftsbevollmächtigten des Ministers für Aufkauf[103]) verhängt.

5. Der Minister für Aufkauf wird im Benehmen mit d. Minister f. Staatliche Landwirtschaften den Verfahrensgang bei der Verhängung von Geldstrafen (Art. 3) bestimmen.

Art. 25. Wer seine Milch-Pflichtablieferung böswillig verletzt, die Erfüllung dieser Pflicht durch andere Personen erschwert oder verhindert oder öffentlich zur Verletzung dieser Pflicht aufruft,
— wird mit Gefängnis bis zu 3 Jahren oder mit Haft bestraft.

Art. 26—27 . . . pp . . .

Art. 28. Das Dekret tritt am 1. Januar 1954 in Kraft.

---

[112]) Vgl. Dekr. v. 4. 3. 1953 über die Ergänzung der Strafbestimmungen für die Nichterfüllung von Pflichtablieferungen (DzU Nr. 14, Pos. 55).

Die polnische Gesetzgebungsakte auf dem Gebiete des Strafrechts seit dem Jahre 1944

VO = Verordnung; D = Dekret; G = Gesetz; DzU = Dziennik Ustan

Lfd. Nr.	Bezeichnung des Gesetzesaktes	Datum und Fundstelle	Aufhebung Fundstelle	Änderungen
1.	Strafzumessung für faschistisch-hitlerische Verbrecher, die der Tötung und Mißhandlung der Zivilbevölkerung und von Kriegsgefangenen schuldig sind sowie für Verräter des polnischen Volkes **(Kriegsverbrecherdekret 1944)**	D. 31. 8. 1944 = DzU 44, 4, 16;		DzU 45, 7, 29; DzU 46, 69, 376; DzU 47, 65, 390; DzU 48, 18, 124; DzU 49, 32, 238;
2.	Wohnungskommissionen	D. 7. 9. 1944 = DzU 44, 4, 18;	D. 27. 12. 1945 = DzU 45, 4, 27;	
3.	Strafkodex des polnischen Militärs **(MStK)** mit Einführungsdekret vom 23. 9. 1944 (DzU 1944, 6, 28; 1951, 6, 55)	D. 23. 9. 1944 = DzU 44, 6, 27;		DzU 47, 65, 390; DzU 49, 55, 437; DzU 50, 6, 46; DzU 51, 22, 172; DzU 51, 58, 399; DzU 53, 27, 104;
4.	Mobilisierung von Vermessungsfachleuten	D. 7. 10. 1944 = DzU 44, 7, 31;		
5.	Außerkurssetzung der deutschen Mark in dem Gebiete der Bialystoker Wojewodschaft	D. 23. 10. 1944 = DzU 44, 9, 43;		
6.	**Bekämpfung der Spekulation** und des Kriegswuchers	D. 25. 10. 1944 = DzU 44, 9, 49;		DzU 44, 12, 63;
7.	**Schutz des Staates**	D. 30. 10. 1944 = DzU 44, 10, 50;	D. 16. 11. 1945 = DzU 45, 53, 300;	
8.	Weitere Teil-Mobilisierung	D. 30. 10. 1944 = DzU 44, 10, 51;		
9.	Sicherungsmittel gegenüber Volksverrätern	D. 4. 11. 1944 = DzU 44, 11, 45;	D. 28. 6. 1946 = DzU 46, 41, 237;	

Lfd. Nr.	Bezeichnung des Gesetzesaktes	Datum und Fundstelle	Aufhebung Fundstelle	Änderungen
10.	Volkszählung und Registrierung der landwirtschaftlichen Betriebe in den befreiten Gebieten der Republik Polen	D. 1. 12. 1944 = DzU 44, 15, 80;		
11.	Übernahme einiger Wälder in das Eigentum des Staatsschatzes	D. 12. 12. 1944 = DzU 44, 15, 82;		
12.	Bekämpfung der **Schwarzbrennerei**	D. 12. 12. 1944 = DzU 44, 15, 85;		
13.	Deponierung und Austausch von Banknoten der Emissionsbank in Polen	D. 6. 1. 1945 = DzU 45, 1, 2;		DzU 45, 5, 18;
14.	Außerkurssetzung der UdSSR Währung innerhalb des polnischen Staatsgebietes	D. 13. 1. 1945= DzU 45, 2, 5;		
15.	Deponierung und Austausch von deutschen Mark in den Gebieten des polnischen Staates, die von der Besetzung nach dem 6. 1. 1945 befreit wurden	D. 5. 2. 1945 = DzU 45, 5, 17;		ausgedehnt: DzU 45, 11, 61; DzU 45, 21, 127;
16.	Bildung von Betriebsräten	D. 6. 2. 1945 = DzU 45, 8, 36;		
17.	Die verlassenen und aufgegebenen Vermögen	D. 2. 3. 1945 = DzU 45, 9, 45;	G. 6. 5. 1945 = DzU 45, 17, 197;	
18.	Zwangsbewirtschaftung des Ackerlandes	D. 30. 3. 1945 = DzU 45, 11, 59;	D. 9. 2. 1953 = DzU 53, 11, 40;	
19.	Außerordentliche Steuer von Kriegsgewinnen	D. 13. 4. 1945 = DzU 45, 13, 72;		DzU 47, 32, 140;
20.	Ausschließung feindlicher Elemente aus der polnischen Volksgemeinschaft	G. 6. 5. 1945 = DzU 45, 17, 96;	D. 17. 10. 1946 = DzU 46, 59, 324;	DzU 45, 34, 203; DzU 45, 55, 307 DzU 46, 11, 73;
21.	Die verlassenen und aufgegebenen Vermögen	G. 6. 5. 1945 = DzU 45, 17, 97;	D. 8. 3. 1946 = DzU 46, 13, 87;	DzU 45, 30, 179;
22.	**Amnestie**	D. 2. 8. 1945 = DzU 45, 28, 172;		

Lfd. Nr.	Bezeichnung des Gesetzesaktes	Datum und Fundstelle	Aufhebung Fundstelle	Änderungen
23.	Arbeitsämter	D. 2. 8. 1945 = DzU 45, 30, 182;		
24.	Zivilstandsakte	D. 25. 10. 1945 = DzU 45, 48, 272;		
25.	Ergänzung der Bestimmungen des Luftrechts	D. 26. 10. 1945 = DzU 45, 50, 282;		
26.	Die im Stadium des Wiederaufbaus des Staates **besonders gefährlichen Delikte**	D. 16. 11. 1945 = DzU 45, 53, 300;	D. 13. 6. 1946 = DzU 46, 30, 192;	DzU 46, 30, 192; DzU 45, 53, 303;
27.	**Standgerichtliches** Verfahren	D. 16. 11. 1945 = DzU 45, 53, 301;		DzU 46, 30, 193; DzU 46, 30, 194; DzU 49, 32, 239; DzU 49, 33, 244;
28.	**Sonderkommission** zur Bekämpfung der Übergriffe und der Wirtschaftssabotage	D. 16. 11. 1945 = DzU 45, 53, 302;		DzU 45, 53, 302; DzU 46, 23, 149; DzU 50, 38, 350; DzU 50, 41, 374;
29.	Erhöhung von Zwangsgeldern, Geld- und Ordnungsstrafen und Auflagen	D. 16. 11. 1945 = DzU 45, 56, 312;	D. 26. 4. 1948 = DzU 48, 24, 161;	
30.	Ausübung der veterinärärztlichen Praxis	D. 7. 12. 1945 = DzU 45, 58, 337;		
31.	Öffentliche Raumbewirtschaftung und -Kontrolle	D. 21. 12. 1945 = DzU 46, 4, 27;		DzU 46, 4, 27; DzU 46, 36, 343;
32.	Der Schutz der Zucht von Wirtschaftstieren	D. 22. 12. 1945 = DzU 46, 2, 12;	G. 4. 4. 1950 = DzU 50, 18, 152;	DzU 46, 2, 12; DzU 49, 18, 112;
33.	Übernahme der Grundzweige der nationalen Wirtschaft in das Eigentum des Staates	D. 3. 1. 1946 = DzU 46, 3, 17;		
34.	Die Registrierung und die Arbeitspflicht	D. 8. 1. 1946 = DzU 46, 3, 24;		

Lfd. Nr.	Bezeichnung des Gesetzesaktes	Datum und Fundstelle	Aufhebung Fundstelle	Änderungen
35.	Allgemeine Leibesertüchtigungs- und Vormilitärische Ausbildungspflicht	D. 16. 1. 1946 = DzU 46, 31, 195;		
36.	Strafrechtliche Verantwortlichkeit für die Septemberniederlage und die **Faschisierung des Staatslebens**	D. 22. 1. 1946 = DzU 46, 5, 46;		
37.	Registrierung und Zwangsbeschäftigung von Personen mit Befähigung zum Richteramt in den Justizbehörden	D. 22. 2. 1946 = DzU 46, 9, 65;		
38.	Registrierung und Ausfuhrverbot von Werken der Bildhauerkunst und von Gegenständen mit künstlerischem, historischem oder kulturellem Wert	D. 1. 3. 1946 = DzU 46, 14, 99;		
39.	Register und Statistik der Verurteilten	VO 2. 3. 1946 = DzU 46, 9, 70;		
40.	Die verlassenen und vormals deutschen Vermögen	D. 8. 3. 1946 = DzU 46, 13, 87		
41.	Gelenkte Flächenbewirtschaftung des Landes	D. 2. 4. 1946 = DzU 46, 16, 109;		
42.	Bekämpfung der Geschlechtskrankheiten	D. 16. 4. 1946 = DzU 46, 18, 119;		
43.	Einberufung von Angehörigen des Gesundheitsdienstes zur Seuchenbekämpfung	D. 11. 5. 1946 = DzU 46, 23, 150;		
44.	Die im Stadium des Wiederaufbaus des Staates besonders gefährlichen Delikte **(Kleiner Strafkodex)**	D. 13. 6. 1946 = DzU 46, 30, 192;		DzU 47, 65, 390; DzU 49, 32, 238; DzU 49, 45, 334;
45.	Verkauf von Seeschiffen an Ausländer	D. 25. 6. 1946 = DzU 46, 32, 204;		
46.	Geregelte Versorgung der Bevölkerung mit Gegenständen des alltäglichen Bedarfs	D. 27. 6. 1946 = DzU 46, 35, 217;		

Lfd. Nr.	Bezeichnung des Gesetzesaktes	Datum und Fundstelle	Aufhebung Fundstelle	Änderungen
47.	Verleugnung der polnischen Nationalität während des Krieges 1939—1945 **(Nat. Verl. Dekr.)**	D. 28. 6. 1946 = DzU 46, 41, 237;		DzU 46, 53, 300; DzU 46, 59, 324; DzU 47, 31, 131; DzU 47, 65, 376; DzU 47, 65, 390; DzU 49, 32, 238; DzU 50, 29, 270;
48.	Konzessionierung von Gerbereien, von Anstalten für das Einsalzen und Trocknen von Rohleder und von gewissen Fabriken für Schuhwerk und Treibriemen	D. 19. 8. 1946 = DzU 46, 43, 250;		
49.	Registrierung und Dienstverpflichtung von technischen Fachkräften auf dem Gebiete des Bauwesens beim Wiederaufbau des Landes	D. 5. 9. 1946 = DzU 46, 47, 266;		
50.	Agrarverfassung und Siedlungswesen in den wiedergewonnenen Gebieten und im Gebiete der ehemaligen Freien Stadt Danzig	D. 6. 9. 1946 = DzU 46, 49, 279;	D. 6. 9. 1951 = DzU 51, 46, 340;	
51.	Der Umsatz mit Leder	D. 19. 9. 1946 = DzU 46, 49, 281;		
52.	Ausschließung von Personen deutscher Nationalität aus der polnischen Volksgemeinschaft	D. 13. 10. 1946 = DzU 46, 55, 319;	G. 31. 12. 1950 = DzU 49, 65, 533;	DzU 47, 65, 390;
53.	Aufhebung der Sonderstrafgerichte	D. 17. 10. 1946 = DzU 46, 59, 324;	G. 27. 4. 1949 = DzU 49, 32, 238;	
54.	Nationalspende zur Bewirtschaftung der Wiedergewonnenen Gebiete	D. 13. 11. 1946 = DzU 46, 61, 341;		
55.	Beschlagnahme des Vermögens von Staaten, die in den Jahren 1939—1945 in den Kriegszustand gegen Polen getreten sind sowie des Vermögens juristischer Personen und Angehöriger dieser Staaten und die Zwangsverwaltung dieser Vermögenswerte	D. 15. 11. 1946 = DzU 46, 62, 342;		
56.	Herstellung, Verkauf und Besteuerung von Weingetränken	D. 13. 6. 1946 = DzU 46, 73, 396;		

Lfd. Nr.	Bezeichnung des Gesetzesaktes	Datum und Fundstelle	Aufhebung Fundstelle	Änderungen
57.	Verpflichtung zur Beteiligung am bargeldlosen Zahlungsverkehr	D. 3. 2. 1947 = DzU 47, 16, 61;	G. 1. 7. 1949 DzU 49, 41, 249;	
58.	**Amnestie**	G. 22. 2. 1947 = DzU 47, 20, 78;		
59.	Handel mit und Bewirtschaftung von Gebrauchsabfällen	D. 3. 1. 1947 = DzU 47, 27, 105;	D. 29. 10. 1952 = DzU 52, 44, 301;	
60.	**Finanzstrafrecht**	D. 11. 4. 1947 = DzU 47, 32, 140;	teilweise durch: a) Dekr. 24. 6. 53 DzU 53, 34, 144 b) Dekr. 24. 6. 53 DzU 53, 34, 143	DzU 37, 32, 140; DzU 48, 18, 123; DzU 49, 32, 238; DzU 50, 12, 116; DzU 50, 49, 451; DzU 50, 49, 452;
61.	Das Probenrecht	D. 11. 4. 1947 = DzU 47, 33, 149;		
62.	Bekämpfung der **Teuerung und der Übergewinne** im Handelsumsatz	D. 2. 6. 1947 = DzU 47, 43, 218;		DzU 53, 16, 64;
63.	Die bürgerlichen Steuer- und Soziallustrationskommissionen	G. 2. 6. 1947 = DzU 47, 43, 219;		
64.	Baunormen und -festsätze	G. 3. 7. 1947 = DzU 47, 52, 269;		DzU 53, 15, 61;
65.	Übergang des Vermögens der Umsiedler nach der UdSSR in das Eigentum des Staates	D. 5. 9. 1947 = DzU 47, 59, 318;		
66.	Die Nachbarschaftshilfe in der Landwirtschaft	D. 12. 9. 1947 = DzU 47, 59, 320;		DzU 50, 13, 125; DzU 52, 1, 7;
67.	Die Registrierung von Angehörigen des Veterinärdienstes	D. 24. 9. 1947 = DzU 47, 61, 338;		
68.	Der **Vermögensverfall**	D. 22. 10. 1947 = DzU 47, 65, 390;		DzU 49, 25, 179; DzU 50, 14, 130;

Lfd. Nr.	Bezeichnung des Gesetzesaktes	Datum und Fundstelle	Aufhebung Fundstelle	Änderungen
69.	Anmeldepflichtige industrielle Betriebe und Erwerbstätigkeiten	D. 28. 10. 1947 = DzU 47, 66, 403;		
70.	Das Molkereiwesen	D. 28. 10. 1947 = DzU 47, 67, 416;		
71.	Das soziale Pflichtsparen	G. 30. 1. 1948 = DzU 48, 10, 74;		
72.	Veräußerung und Pacht sowie die Übereignung einiger Werte des Staatsvermögens	G. 30. 1. 1948 = DzU 48, 10, 75;		DzU 48, 62, 493;
73.	Verbot der Ausfuhr von beweglichem Vermögen aus dem Bereich der wiedergewonnenen Gebiete	VO 17. 2. 1948 = DzU 48, 11, 82;		DzU 48, 49, 376; DzU 51, 2, 11; DzU 51, 12, 98;
74.	Die allgemeine Pflicht der Berufsvorbereitung, Leibesertüchtigung und vormilitärischen Ausbildung der Jugend und die Organisationen für Körperkultur und Sport	G. 25. 2. 1948 = DzU 48, 12, 90;		
75.	Preisfestsetzung für einige Artikel der privaten und genossenschaftlichen Industrie	D. 21. 4. 1948 = DzU 48, 23, 157;		
76.	Erhöhung der Zwangsgelder, Geld-, Ordnungsstrafen und Entschädigungen	D. 26. 4. 1948 = DzU 48, 24, 161;		DzU 50, 21, 184; DzU 50, 36, 335;
77.	Die Bewirtschaftung von Druckpapier	D. 26. 4. 1948 = DzU 48, 24, 163;		
78.	Schutz nichtstaatlicher Forsten	D. 26. 4. 1948 = DzU 48, 24, 165;		
79.	Verwertung und Bewirtschaftung von Baumaterialien, die beim Abriß von Gebäuden gewonnen werden	D. 28. 7. 1948 = DzU 48, 36, 247;	D. 29. 10. 1952 = DzU 52, 44, 301;	
80.	Änderung der VO des Präsidenten der Republik Polen vom 23. 12. 1927 über die Staatsgrenzen	D. 15. 9. 1948 = DzU 48, 47, 348;		
81.	Die Rekonstruktion und Neuordnung der Wehrstammrolle	D. 25. 10. 1948 = DzU 48, 50, 390;		

Lfd. Nr.	Bezeichnung des Gesetzesaktes	Datum und Fundstelle	Aufhebung und Fundstelle	Änderungen
82.	Die Nachbarschaftshilfe beim Wiederaufbau von Dörfern	G. 18. 11. 1948 = DzU 48, 58, 461;		
83.	Herstellung von Wein, Weinmost und Met für Trinkzwecke und der Umsatz mit diesen Erzeugnissen	G. 18. 11. 1948 = DzU 58, 58, 462;		
84.	Umsatz mit Wirtschaftstieren und ihren Schlachtprodukten sowie ihre Verarbeitung	G. 10. 2. 1949 = DzU 49, 21, 125;		
85.	Der Naturschutz	G. 7. 4. 1949 = DzU 49, 25, 180;		
86.	Schutz des Symbols u. d. Bezeichnung der Welt-Gesundheitsorganisation	D. 26. 4. 1949 = DzU 49, 25, 185;		
87.	Der Erwerb und die Übereignung von Liegenschaften, die zur Durchführung der nationalen Wirtschaftspläne benötigt werden	D. 26. 4. 1949 = DzU 49, 27, 197;		DzU 49, 55, 438; 52, 4, 25;
88.	Pflicht zur Teilnahme am bargeldlosen Zahlungsverkehr	G. 1. 7. 1949 = DzU 49, 41, 294;		DzU 50, 44, 402;
89.	Heilanstalten für Tiere	G. 1. 7. 1949 = DzU 49, 41, 297;		
90.	Bewirtschaftung einiger Rohstoffe, Halb- und Fertigfabrikate	D. 5. 8. 1949 = DzU 49, 46, 341;	D. 29. 10. 1952 = DzU 52, 44, 301;	DzU 50, 49, 447;
91.	Schutz der **Freiheit,** des **Gewissens** und der **Religions**ausübung	D. 5. 8. 1949 = DzU 49, 45, 334;		
92.	Schutz des **Staats-** und des **Dienstgeheimnisses**	D. 26. 10. 1949 = DzU 49, 55, 437;	D. 4. 3. 1953. DzU 53, 15, 61;	
93.	Bildung des Polnischen Normenkomitees und die polnischen Normen und Grundeinheiten	G. 20. 12. 1949 = DzU 49, 63, 493;		
94.	Erfindungen und Gebrauchsmuster, die die Landesverteidigung betreffen	G. 20. 12. 1949 = DzU 49, 63, 496;		
95.	Allgemeine Wehrpflicht	G. 4. 2. 1950 = DzU 50, 6, 46;		

Lfd. Nr.	Bezeichnung des Gesetzesaktes	Datum und Fundstelle	Aufhebung und Fundstelle	Änderungen
96.	Der Feuerschutz und seine Organisation	G. 4. 2. 1950 = DzU 50, 6, 51;		
97.	Genossenschafts- und Arbeitsinspektion	G. 4. 2. 1950 = DzU 50, 6. 52;		
98.	Übernahme des Vermögens zur Toten Hand durch den Staat, Garantie des landwirtschaftlichen Besitzes gegenüber den Pfarrern und Bildung eines Kirchenfonds	G. 20. 3. 1950 = DzU 50, 9, 67;		
99.	Gelenkte Beschäftigung von Absolventen der Mittelberufs- und Hochschulen	G. 7. 3. 1950 = DzU 50, 10, 106;		
100.	Maßnahmen gegen den Abfluß von Arbeitskräften aus Berufen und Fächern, die für die sozialisierte Wirtschaft von besonderer Bedeutung sind	G. 7. 3. 1950 = DzU 50, 10, 107;		
101.	Die Schiffahrt und Flößerei auf Binnengewässern	G. 7. 3. 1950 = DzU 50, 10, 108;		
102.	Verbot der Schlachtung von Zuchttieren	G. 4. 4. 1950 = DzU 50, 18, 152;		
103.	Sicherung der sozialistischen Arbeitsdisziplin	G. 19. 4. 1950 = DzU 50, 20, 168;		
104.	**Einstellung** der Strafverfolgung bei einigen **Devisen-** und **Finanzdelikten**	G. 26. 4. 1950 = DzU 50, 21, 183;		
105.	Verpflichtung zur Anmeldung von Auslandsforderungen und des inländischen Vermögens von Ausländern	G. 26. 4. 1950 = DzU 50, 31, 182;	G. 28. 3. 1952 = DzU 52, 21, 133;	
106.	**Einstellung** der Strafverfolgung und Aufhebung von Sanktionen und Beschränkungen gegenüber solchen Bürgern, die ihre Zugehörigkeit zur **deutschen Nationalität** deklariert hatten	G. 20. 7. 1950 = DzU 50, 29, 270;		DzU 50, 32, 294;
107.	Registrierung und Zwangsverkauf von stillgelegten Industriemaschinen	G. 20. 7. 1950 = DzU 50, 31, 285;		

Lfd. Nr.	Bezeichnung des Gesetzesaktes	Datum und Fundstelle	Aufhebung und Fundstelle	Änderungen
108.	Leistungen an Beförderungsmitteln zugunsten der Streitkräfte und des Sicherheitsdienstes in Friedenszeiten	G. 18. 7. 1950 = DzU 50, 36, 322;		
109.	Register der Ingenieure und Techniker	G. 18. 7. 1950 = DzU 50, 36, 329;		
110.	Schutz der Sicherheit und Hygiene der Arbeit beim Bau und die Bedienung von technischen Maschinen und Einrichtungen	G. 18. 7. 1950 = DzU 50, 36, 330;		
111.	Lizenzen zur Ausfuhr von Erfindungen und Gebrauchsmustern	G. 18. 7. 1950 = DzU 50, 36, 331;		
112.	Der Feldscherberuf	G. 20. 7. 1950 = DzU 50, 36, 226;		
113.	Staatliche Handelsinspektion	D. 21. 9. 1950 = DzU 50, 44, 396;		DzU 54, 15, 56;
114.	Werkserfindungen	D. 21. 10. 1950 = DzU 50, 47, 428;		
115.	Der Arztberuf	G. 28. 10. 1950 = DzU 50, 50, 458;		
116.	Die Währungsreform	G. 28. 10. 1950 = DzU 50, 50, 459;		
117.	Verbot des Besitzes von fremden Devisen, goldenen Geldstücken, Gold, Platin sowie die Verschärfung der Strafe bei einigen Devisenvergehen	G. 28. 10. 1950 = DzU 50, 50, 460;	G. 28. 3. 1952 = DzU 52, 21, 133;	
118.	Schutz des Friedens	G. 29. 12. 1950 = DzU 50, 58, 521;		
119.	Die Übernahme der Apotheken in das Staatseigentum	G. 8. 1. 1951 = DzU 51, 1, 1;		
120.	Das Apothekenwesen	G. 8. 1. 1951 = DzU 51, 1, 2;		

Lfd. Nr.	Bezeichnung des Gesetzesaktes	Datum und Fundstelle	Aufhebung und Fundstelle	Änderungen
121.	Die pharmazeutischen Mittel und Narkotika sowie die sanitären Artikel	G. 8. 1. 1951 = DzU 51, 1, 4;		
122.	Ausfuhr von beweglicher Habe aus den Wiedergewonnenen Gebieten	VO 8. 1. 1951 = DzU 51, 2, 11;	Rechtskraft ausgesetzt! DzU 51, 12, 98;	
123.	Der Wegetransport	G. 8. 1. 1951 = DzU 51, 4, 26;		
124.	Der gebietliche Luftschutz	G. 26. 2. 1951 = DzU 51, 14, 109;		
125.	Einquartierung von Streitkräften	G. 27. 2. 1951 = DzU 51, 26, 194;		
126.	Die Behörden der Verwaltung der Maße und über die Maße und Meßgeräte	D. 19. 4. 1951 = DzU 51, 26, 195;		
127.	Der planmäßige Aufkauf von Getreide	D. 23. 7. 1951 = DzU 51, 39, 297;	G. 10. 7. 1952 = DzU 52, 32, 214;	
128.	Die Märkte und Marktplätze	D. 2. 8. 1951 = DzU 51, 41, 312;		
129.	Schutz und Regelung des Siedlereigentums an Landwirtschaften in den Wiedergewonnenen Gebieten	D. 6. 9. 1951 = DzU 51, 46, 340;		
130.	Die Sicherung der Belieferung mit Kartoffeln aus der Ernte 1951	D. 8. 10. 1951 = DzU 51, 52, 368;	D. 28. 8. 1952 = DzU 52, 37, 255;	
131.	Die Personalausweise	D. 22. 10. 1951 = DzU 51, 55, 382;		
132.	Die **bedingte vorzeitige Entlassung** von Personen, die eine Freiheitsstrafe verbüßen	G. 31. 10. 1951 = DzU 51, 58, 399;		
133.	Die Kinematographie	G. 15. 12. 1951 = DzU 51, 66, 452;		

Lfd. Nr.	Bezeichnung des Gesetzesaktes	Datum und Fundstelle	Aufhebung und Fundstelle	Änderungen
134.	Vorläufige Hausordnung der Besserungsanstalten	VO 15. 12. 1951 = DzU 51, 67, 468;		
135.	Die Pflichtablieferung von Schlachtvieh	G. 15. 2. 1952 = DzU 52, 8, 46;	D. 1. 12. 1953 = DzU 53, 50, 244;	DzU 52, 29, 195; DzU 52, 48, 318;
136.	Das Devisenstrafrecht	G. 28. 3. 1952 = DzU 52, 21, 134;		
137.	Die teilweise Änderung des Dekr. v. 5. 7. 1946 betr. die Bildung des Hauptamtes für Presse-, Publikations- und Schaustellungskontrolle	D. 22. 4. 1952 = DzU 52, 19, 114;		
138.	Die Pflichtablieferung von Milch	D. 24. 4. 1952 = DzU 52, 22, 142;	D. 1. 12. 1953 DzU 53, 50, 245;	DzU 52, 51, 335;
139.	Die Getreideinspektion	G. 9. 6. 1952 = DzU 52, 30, 202;		DzU 53, 33, 133;
140.	Pflichtablieferung von Getreide	G. 10. 7. 1952 = DzU 52, 32, 214;		
141.	Das Urheberrecht	G. 10. 7. 1952 = DzU 52, 34, 234;		
142.	Die Pflichtablieferung von Kartoffeln	D. 28. 8. 1952 = DzU 52, 37, 255;		DzU 53, 33, 134;
143.	Das Jagdrecht	D. 29. 10. 1952 = DzU 52, 44, 300;		
144.	Die Bewirtschaftung der Artikel des Warenumsatzes und der Versorgung	D. 29. 10. 1952 = DzU 52, 44, 301;		
145.	**Die Amnestie**	G. 22. 11. 1952 = DzU 52, 46, 309;		
146.	Die restlose Bewirtschaftung des Ackerlandes	D. 9. 2. 1953 = DzU 53, 11, 40;		
147.	Ergänzung von Strafvorschriften in Sachen wegen Unterlassung von Pflichtablieferungen	D. 4. 3. 1953 = DzU 53, 14, 55;		

Lfd. Nr.	Bezeichnung des Gesetzesaktes	Datum und Fundstelle	Aufhebung und Fundstelle	Änderungen
148.	Die verstärkte Bekämpfung der **qualitativ schlechten Erzeugung**	D. 4. 3. 1953 = DzU 53, 16, 63;		
149.	Die Normen und das Polnische Normenkomitee	D. 4. 3. 1953 = DzU 53, 15, 63;		
150.	**Der Schutz der Konsumenteninteressen** im Handelsumsatz	D. 4. 3. 1953 = DzU 53, 16, 64;		
151.	Der verstärkte **Schutz des sozialen Eigentums**	D. 4. 3. 1953 = DzU 53, 17, 68;		
152.	**Der Schutz des sozialen Eigentums vor Kleinstdiebstählen**	D. 4. 3. 1953 = DzU 53, 17, 69;		
153.	Leistungen bei der Bekämpfung von Naturkatastrophen	D. 23. 4. 1953 = DzU 53, 23, 93;		
154.	Die Konzessionierung der gewerblichen Verarbeitung von Rohstoffen und Halbfertigfabrikate der Textilindustrie	D. 2. 5. 1953 = DzU 53, 23, 98;		
155.	Das Bergrecht	D. 6. 5. 1953 = DzU 53, 29, 113;		
156.	Herstellung und Verarbeitung von Spiritus	D. 24. 6. 1953 = DzU 53, 34, 143;		
157.	Anbau von Tabak und die Herstellung von Tabakerzeugnissen	D. 24. 6. 1953 = DzU 53, 34, 144.		
158.	Transportleistungen für Verteidigungsbedürfnisse des Staates	D. 24. 6. 1953 = DzU 53, 34, 142;		
159.	Die Pflichtablieferung von Schlachtvieh	D. 1. 12. 1953 = DzU 53, 50, 244;		
160.	Die Pflichtablieferung von Milch	D. 1. 12. 1953 = DzU 53, 50, 245;		
161.	Die Staatliche Materialbewirtschaftungsinspektion	D. 2. 6. 1954 = DzU 54, 25, 95;		
162.	Die Staatliche Sanitätsinspektion	D. 14. 8. 1954 = DzU 54, 37, 160;		

Kolibri 360 GmbH
Ferdinand-Jühlke-Straße 7
99095 Erfurt, Deutschland
produktsicherheit@kolibri360.de